格斗图解系列

以色列格斗术——器械格斗

《格斗图解系列》编写组 编

化学工业出版社
·北京·

特种部队一直都是军队中的绝对精锐，以色列格斗术又称马伽术，是以色列特种部队的格斗训练体系，是美国FBI的必修课，也是格斗界公认的集实用、全面、易学、易练于一身的优秀综合防卫技术。

《格斗图解系列》系列图书中的《以色列格斗术——徒手格斗》《以色列格斗术——器械格斗》《以色列格斗术——擒拿与解脱》，通过3000余张真人实拍动作分解演示，详尽讲解了以色列格斗术中的徒手格斗技法，使用军警器械和日常用品的格斗技法，进攻、投摔、防守反击等解脱与擒拿技法，使学习者能够迅速掌握360度制敌与防御的要诀。

《以色列格斗术——徒手格斗》《以色列格斗术——器械格斗》《以色列格斗术——擒拿与解脱》从不同实战应用场景出发，内容编排以培养学习者综合齐备的素质、形成勇往直前的拼杀气概、遵循实用至上的训练原则为准绳，为格斗术爱好者以及自卫、防身、防暴的人群呈现了以色列格斗的精髓。

图书在版编目（CIP）数据

以色列格斗术．器械格斗 /《格斗图解系列》编写组编．
北京：化学工业出版社，2018.6（2023.8 重印）
ISBN 978-7-122-32059-9

Ⅰ.①以… Ⅱ.①格… Ⅲ.①格斗－基本知识－以色列
Ⅳ.①G85

中国版本图书馆CIP数据核字（2018）第082283号

责任编辑：宋　薇　　　　装帧设计：张　辉
责任校对：吴　静

出版发行：化学工业出版社（北京市东城区青年湖南街13号　邮政编码100011）
印　　装：北京虎彩文化传播有限公司
710mm×1000mm　1/16　印张$10\frac{3}{4}$　字数192千字　2023年8月北京第1版第2次印刷

购书咨询：010-64518888　　　　售后服务：010-64518899
网　　址：http://www.cip.com.cn
凡购买本书，如有缺损质量问题，本社销售中心负责调换。

定　　价：59.80元

Contents 目录

第一部分 基础知识

以色列特种部队简介

以色列军队的军语里原本没有“特种部队”这个词，所有执行特种作战和侦察任务的部队都统称为“萨耶雷特”（Sayeret）。在希伯来文中，Sayeret有侦察队或巡逻队的意思。在以色列军队里，这个词泛指一切从事侦察、巡逻、搜索等任务的部队，而且已经具有“经过选拔的精锐部队”的引申含义了。一般行内人士就笼统称其为“侦察队”或“特种部队”，因为他们通常担负着其他部队难以完成的与战略、战役胜败攸关的任务，主要用于打击敌指挥机关、通信控制中心、兵器弹药库、经济和工业中心、能源和后方基地等目标。

随着国际形势的变化，特种部队更多地用于执行反恐怖、打击走私、缉毒、维护国内治安等非战争行动的任务。在世界各国普遍减少军队总员额的情况下，转而又不断地加强特种部队的建设。尽管各国特种部队在规模、使用上有所不同，但是从各国特种部队的编制、人员、装备和训练等方面的情况分析来看，各国特种部队普遍具有编制灵活、人员精干、装备优良、训练严格等一些共性的特点。

（一）发展与任务

以色列于1952年因战事需求开始着手组建了自己的特种部队，是从陆军中精心挑选出来的、具有特殊技能的50名训练尖子，然后将这支新成立的部队命名为以色列第101部队。之后，以色列陆续又建立了多支特种部队。

以这支部队为原形，到了1954年，以色列考虑到战争和应对国内突发事件及制止内乱的需要，决定将第101部队与伞兵旅合并，改为第202伞兵旅。该旅主要由旅部和4个营以及其他支援部队编成。

1960年以后，以色列使用特种部队作战颇为频繁，由应急作战转换为执行反恐怖任务。

1967年，在第三次中东战争中，第202伞兵旅又改称第55伞兵旅。

1976年7月以色列特种部队突袭非洲乌干达恩德培国际机场行动可以说是规模最大、影响最深远的一次，这次战斗在以军作战史上占有重要位置，同时也可以称得上是世界反恐怖作战史上的一个创举，它向世人展示了以色列特种部队高超的反恐怖作战艺术和能力。

2003年12月，随着伊拉克局势日益复杂，美军只能求助以色列方面，帮助其应对越来越多的自杀性爆炸，并在伊拉克街巷战中向以色列苦学作战技巧。美国海军陆战队的一些士兵甚至跟随以色列士兵一起在约旦河西岸城市进行扫荡和围剿。

时至今日，随着现代特种作战的不断演进，以色列特种部队作为一个特殊的兵种，是一般任务部队的加强和补充，它在应对突发事件、敌后侦察、实施心理战、特工破坏、反恐怖等方面发挥着重大的作用。

（二）组成与训练

1. 以色列陆军特种部队组成

步兵队属侦察兵，以色列军队步兵的特种分队是由4个旅属远程侦察连组成：即戈兰旅侦察连（Sayeret Golany，正式番号为第95侦察连）、吉瓦提旅侦察连（Sayeret Givaty，第435侦察连）、纳哈尔旅侦察连（Sayeret Nahal，第374侦察连）和伞兵旅侦察连（Sayeret T' zanhanim，正式番号不详）。这四个连并不是单纯的步兵侦察分队，而是更接近于美陆军别动队或轻步兵的精锐突击队。这四个连都接受过反恐怖作战训练，可以用于执行特种作战任务。其中戈兰旅侦察连和伞兵旅侦察连就多次执行过特种作战任务。

装甲兵队属侦察兵，以色列军队装甲兵尽管是陆军中最大的兵种，但仅有两个旅属侦察连，即第7旅侦察连（Sayeret Shirion 7）和第500旅侦察连（Sayeret Shirion 500）。这两个连是纯粹的远程侦察分队，不接受反恐怖作战训练，也不担负特种作战任务。

炮兵特种部队，以色列炮兵有两支兵种直属特种反坦克导弹部队，即荚蒾部队（Unit Moran）和琴弦部队（Unit Meitar）。这两支部队被以军视为特种部队，其训练中也包括空降、越野驾驶等一部分特种部队训练的内容，但与通常所指的特种部队还是有相当大的区别。

战斗工兵特种部队，以色列军队的战斗工兵设有工兵特种作战司令部，下辖两支接受过远程侦察训练的工兵特种部队，即精于工兵爆破的雅埃尔侦察队（Sayeret Yael）——现翻译为“山羊”侦察队和负责爆炸物排除的“雅赫萨普”部队（Unit Yachsap，Yachsap为希伯来语“爆炸物排除部队”的缩写）。

情报部队，情报部队是以色列军队的一个兵种，隶属总参情报部，这个兵种共有3支特种侦察部队，即总参侦察营（Sayeret Matkal，番号为262部队）、目标情报部队（简称YACHMAM）和特种侦察队（简称T' ZASAM）。其中总参侦察营是以军最主要的特种部队，其使命包括特种侦察、非常规作战和反恐怖人质营救作战三大任务；目标情报部队驻戈兰高地，平时担负以色列北部边境地区的边境观察任务，战时配属给以军炮兵作为兵种远程侦察部队，负责在敌后为炮兵部队搜索目标；特种侦察队是以军边境目视观察部队中一支受过特种作战训练的分队，专门用于对敌后目标进行抵近目视侦察。1999年，这3支部队隶属于新设立的野战侦察司令部。

以色列陆军另外还有几支用于执行特殊任务的特种部队，分别是：胡桃侦察营（Sayeret Egoz，以军在南黎巴嫩的反游击战部队，隶属戈兰旅），樱桃侦察队（Sayeret Duvedevan，番号为217部队，部署于中部军区的反恐怖突击队），朱鹭侦察队（Sayeret Maglan，番号为212部队，是一支接受过特种作战训练的独立反坦克导弹部队），棘刺部队（Unit Oket' z，番号为7142部队，是一支特种军犬部队），高山部队（Unit Alpinistim，部署于北部军区的预备役高寒山地部队），金雀花部队（Unit Rotem，部署于以色列南部以埃边境的一支预备役特种边境巡逻部队），100部队（负责防止在押恐怖分子等危险犯人暴乱的宪兵特种部队）。除胡桃侦察营以外，其他几支均为独立部队，由以军总部直接指挥。

2. 以色列特种部队训练Krav Maga格斗术

Krav Maga格斗术对于理念的关注超过了对于技术本身的关注。Krav Maga最重要的格斗理念就是避免争斗。另外一个重要的理念，就是要求学员会及时感知危险，以及选择可能的逃跑路线。

当格斗在所难免时，Krav Maga建议学生运用军事上的“介入与脱离”理念。也就是说，要速战速决，争取5秒钟结束战斗并脱离险境。打斗持续的时间越长，你的处境就越危险，同时你受伤的可能性也就越大。莫尼·艾热依克告诫学生永远不要试图惩罚你的对手。相反，你应该想方设法控制冲突，并且为自己创造逃脱机会。记住，生命和安全是第一位的。不要对“逃避”感到难为情或觉得没面子，这是避免受侵害的明智之举。

下面向你推荐几种简练实用的方法。这些方法简练易学，无需系统训练就能达到自卫防身的目的。

（1）相信你的直觉

有许多人在遭到侵害后，才来自卫培训班学习，他们讲述那段遭遇时，经常提到同一件事："我有一种不好的感觉，但我告诉自己别太多心。"

直觉是探测危险最好的仪器。因而你要特别留心和注意你的所见所感。如果你觉得可能有危险存在时，那也许就是真的。无论是已认识到还是潜意识的感觉，只要你认为有危险，就立即离开。

（2）别让自己成为目标

别让自己成为一个容易下手的目标。冲突的结果通常在打斗前就一目了然了，如果你有迅速离开危险的机会，那就尽量逃脱吧。

如果有人鬼鬼祟祟地靠近你，那你就马上采取逃避行动，譬如可以横穿马路，看看他是否依然跟在身后。如果电梯门打开，里面站着的家伙让你后背发凉，那就等下一趟电梯再上。记住，生命和安全是第一位的。只要"逃避"能保证你的安全，那么就首选逃避吧。

（3）让自己充满自信

为了把安全风险降到最低，走路时应该自信。因为袭击者总会寻找那些表现出性格懦弱的人做目标，这些人常常走路低着头，手在口袋里不停地发抖。要记住歹徒一般不会设计引诱受害者，他们只想找一个没有反抗能力的人下手。如果你走路自信，并高度戒备，昂首挺胸，常扫视四周环境，那你就大大降低了受到侵害的可能性。

（4）语气要强硬

良好的语言技巧也是一种自卫武器，它的使用率及成功率比任何打斗技术都高。当攻击者在和你搭讪时，他实际是在对你进行"测试"，看你是否能成为他的理想侵害对象。一个老手习惯用一些威胁性的话先镇住你，让你丧失保护自己的信心。

尽管有的话听上去很吓人，你也要镇定自若，语气强硬，让对方知道你不是好惹的。如果你站得很直，保持镇定，而且自信果断地与他应答，你很有可能就不会与他发生对抗。

（5）以非对抗式的姿态应敌

在Krav Maga体系中，你将会被告知要使对方产生一种他自己比较安全的错觉。你要运用语言以及肢体语言来安抚对方，以降低对方的敌意。然后，你要显示出希望避免冲突的意图，并且将其作为一种对你有利的证据："我不想惹麻烦。"

你应该把手放在身体前方，暗中做好准备，然后向后退，使你的对手明白你不想打架。

（6）保持一段安全的距离

每一个人都有一个相对安全的区域，当侵犯者进入这一区域时，你就会觉得不安，因为你需要这一空间来判定是否要还击。当一个歹徒缠住你，你最迫切的需要就是迅速甩掉他，要想达到此目的，首先你不应让歹徒靠近，即尽量与歹徒保持一定的距离，如果这样做有困难的话，你需要一种更加快速的方式。不要与对方纠缠，应该向对方实施攻击，然后快速离开，不要试图停留在近距离之内与对方进行你来我往式的打斗。

（7）运用突袭制敌

大多数歹徒不会想到你会保护自己，这样就为你的突袭占得先机。如果是在谈话，你就可以利用语言上的技巧以及非对抗式的姿态来松懈他的警惕性。尤其是你同时说一些像"别太紧张""我们并不想惹麻烦"，或者是"让我们平静一下"之类的话。当你用言语制止攻击者靠近你而他又节节逼近的时候，你突然以一掌"啪"地打到他下颏上。这种打击方式的漂亮之处就是它的简捷利索，而且力量刚猛，常常一击便可重创歹徒。如果情况恶化最后引发伤害事件，在场的目击证人也会证明你曾试图缓和局势，而另一个家伙却迫使你使用暴力。这样你的重创对手的招术也成了正当防卫的手段。

（8）简单使用技术

不要把反应动作搞得太复杂。你是在为生命而战，并不是为分数或一条象征胜利的金腰带而战。花式扣锁和旋转踢腿练起来可能会很潇洒，但却没有什么实际作用。

自卫术专家向你推荐以下几种简便易行的方法。

① 用手掌攻击歹徒的下颌和面部。

② 用手指戳击歹徒的眼睛。

③ 用膝盖撞击歹徒的腹股沟。

（9）即使被摔倒也不要惊慌

大多数情况下，受侵者常被压倒在地。但是大多数歹徒都不善于在地面上打斗，他们只习惯将受害者压倒在地上痛打。地面格斗时，要合理实施扼掐和勒绞等技术。当实施击打时尽量攻击暴徒眼睛、脖颈、裆部等要害器官。快捷凶狠给暴徒的身体造成最大伤害。尽力利用场地上的临时武器，如用小树枝戳击暴徒眼睛，用石头砸其头部要害，用沙子撒向暴徒眼睛等。在更严酷的情况下更要尽其所能，不择手段。

（10）坚持到底

切记，战斗到底直到危险解除，因此你要全身心投入战斗。一旦你出现犹豫或停手不战，结局就可能惨不忍睹。如果歹徒知道你无心恋战，那你就更难得取胜。为了生存你必须坚持到最后一刻，直到安全逃脱。

第二部分 枪械格斗技法

一、匕首

（一）匕首握持与携带方法

1 匕首的握持

正握匕首

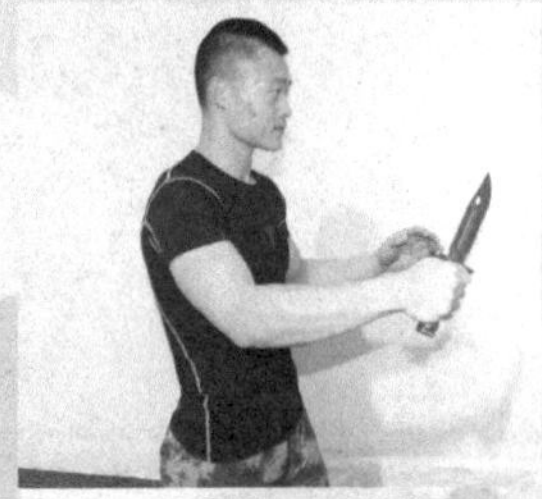

直握匕首

反握匕首

藏握匕首

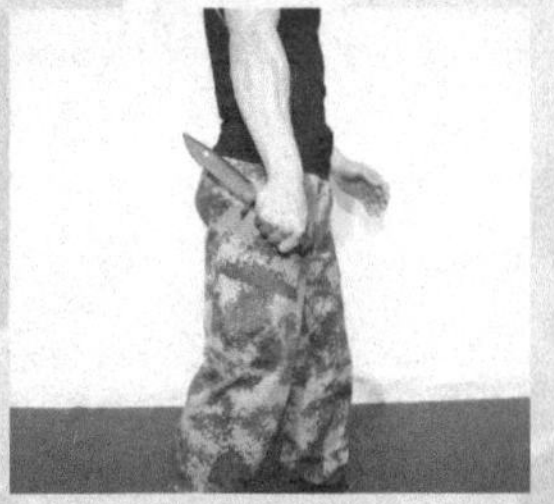

2 匕首的携带方法

挂带腰际

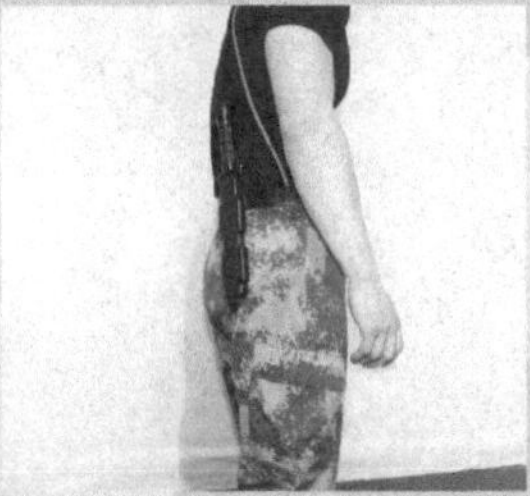

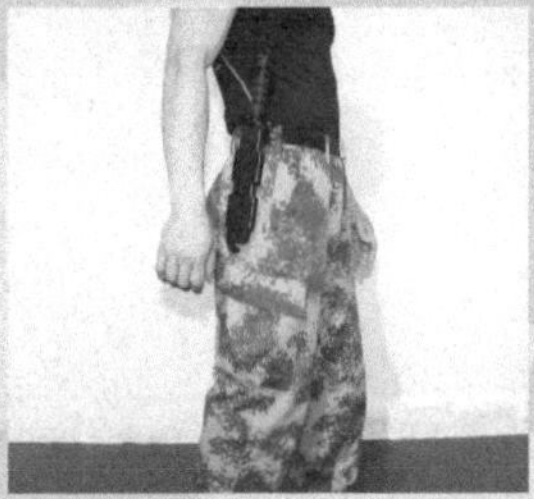

绑带小臂

绑带小腿

（二）匕首进攻与防守方法

1 匕首的进攻目标

咽喉

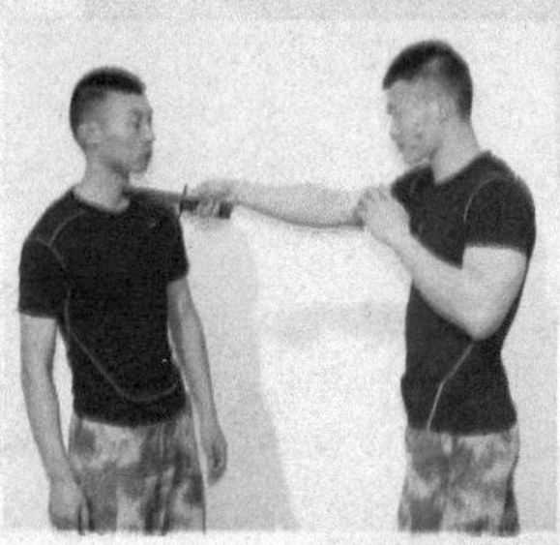

侧颈

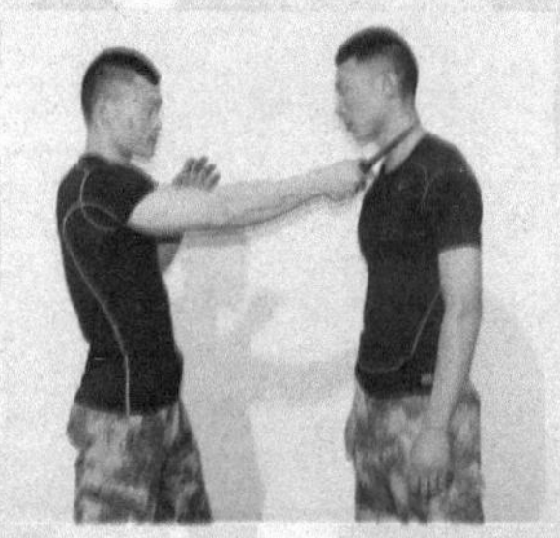

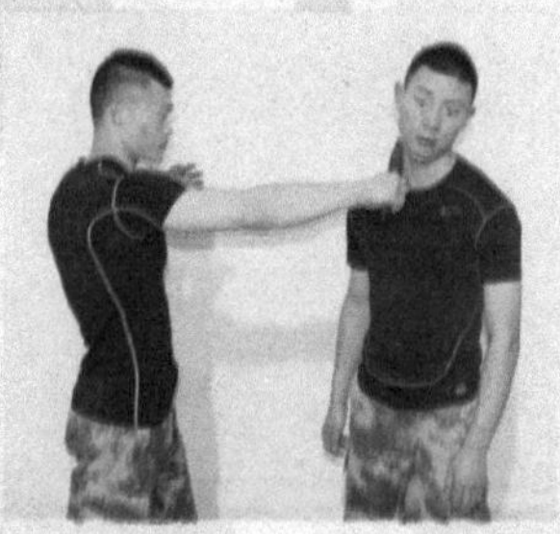

锁骨下动脉

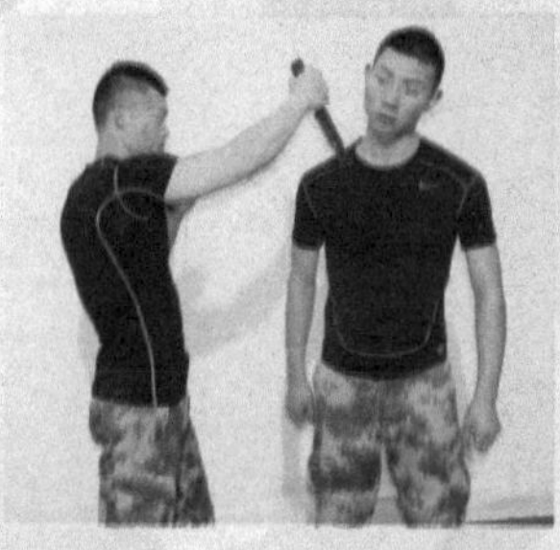

胸部

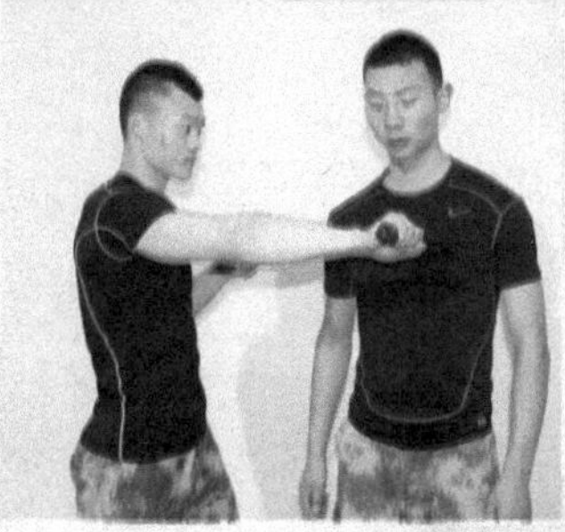

腹部

侧肋

生殖器

大腿动脉

2 匕首的攻击方式

手臂桡动脉

劈刺

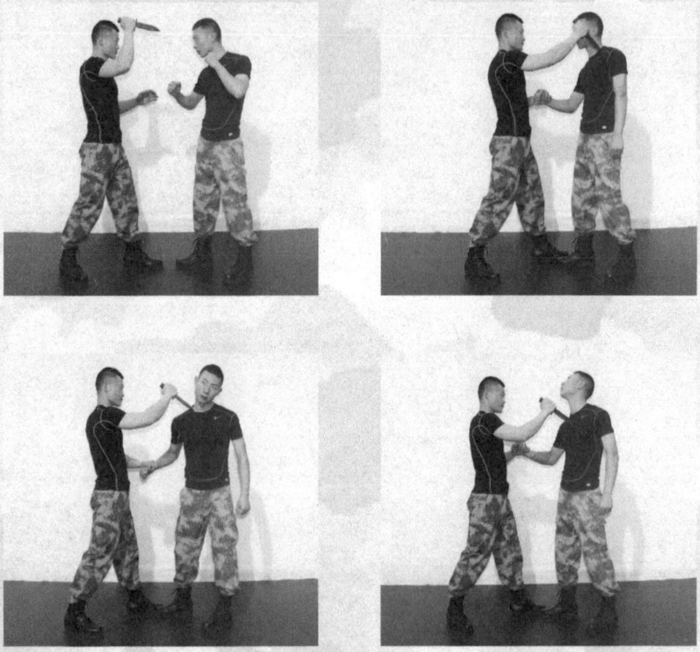

挑刺

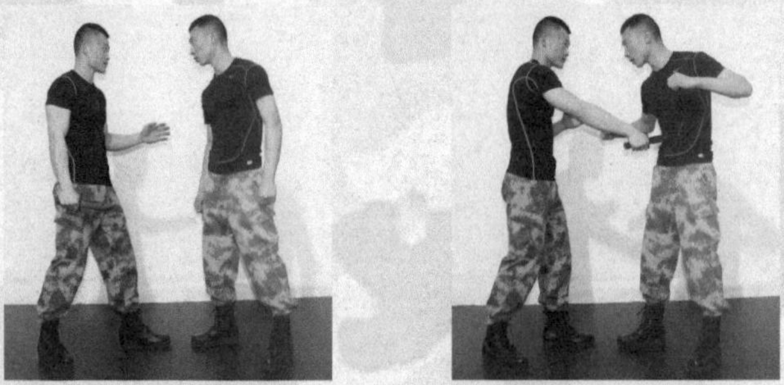

直刺

划割

3 威胁与挟持

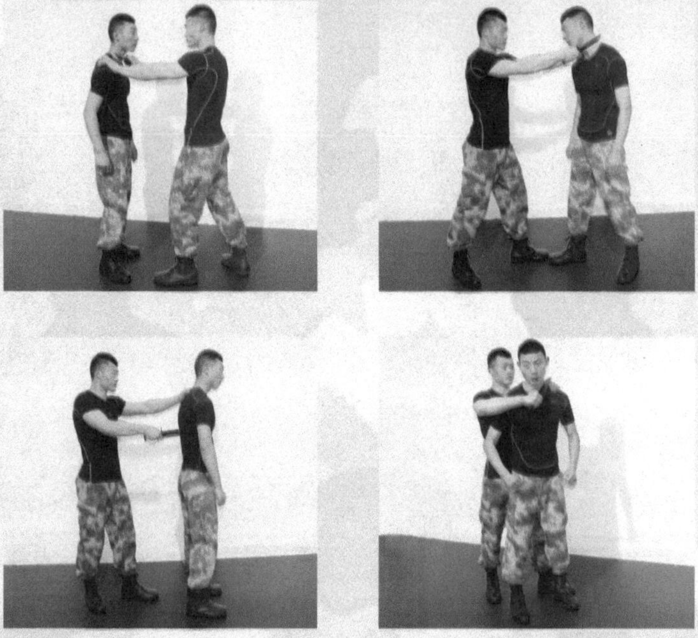

4 基本防御方法

抓拉手腕

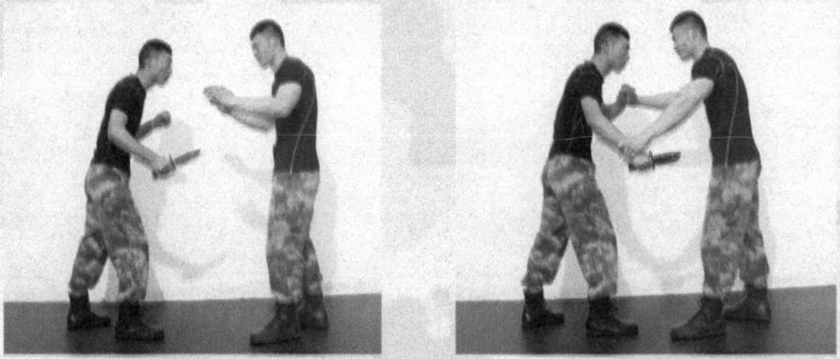

抓推手腕

推拨手背

勾搂手腕

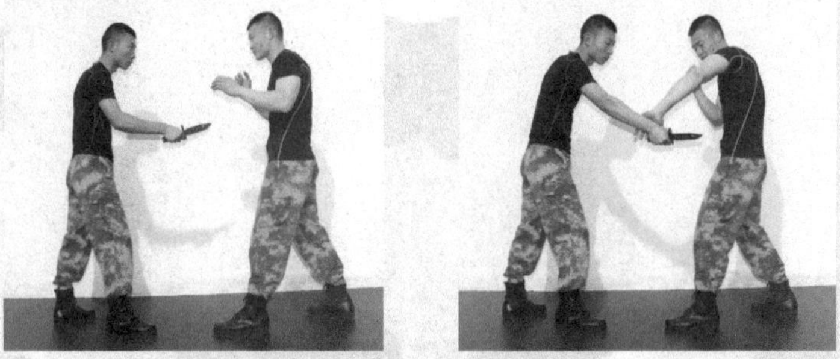

格架小臂

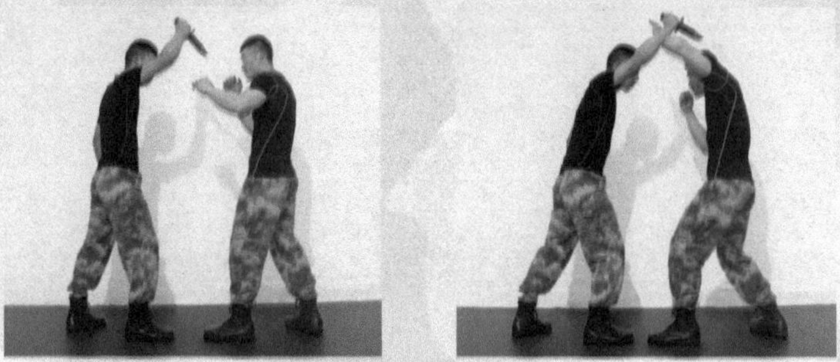

阻隔小臂

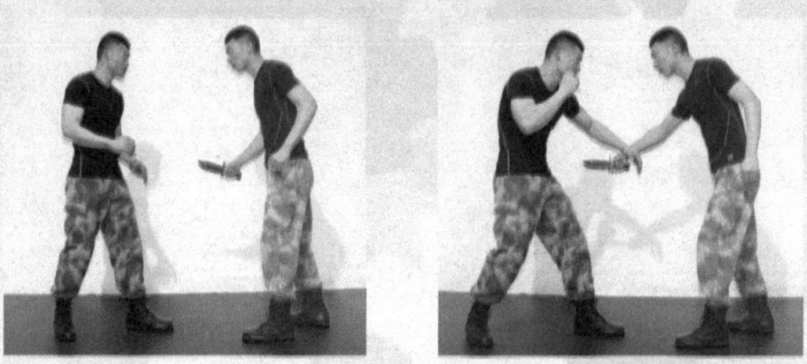

磕抵小臂

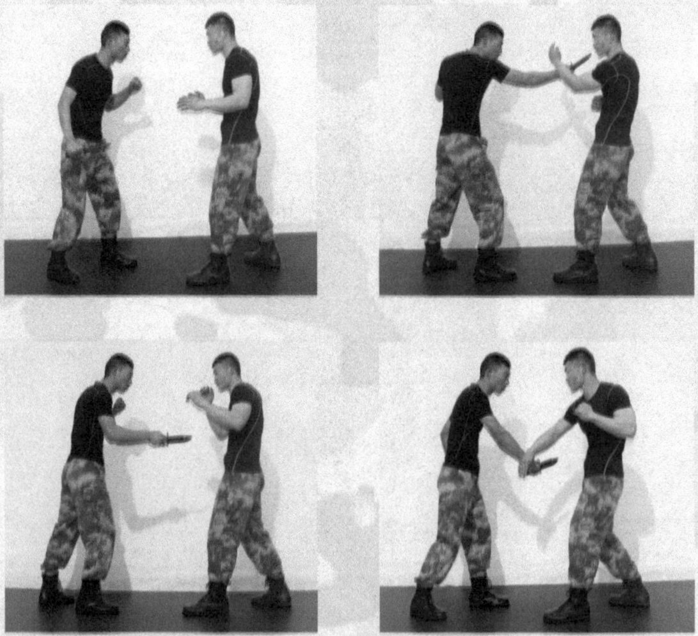

挂拨抓推小臂

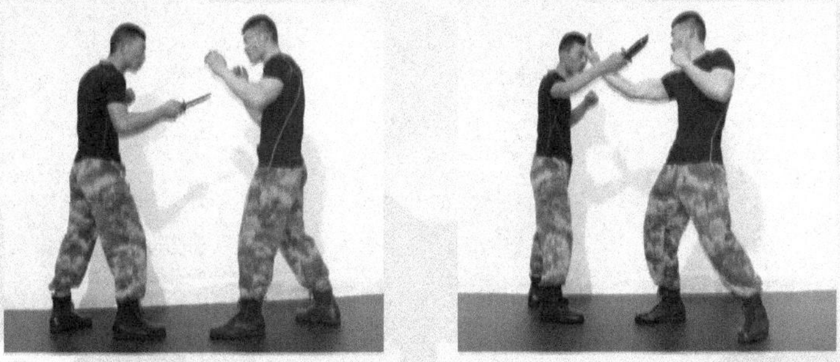

揽抱手臂

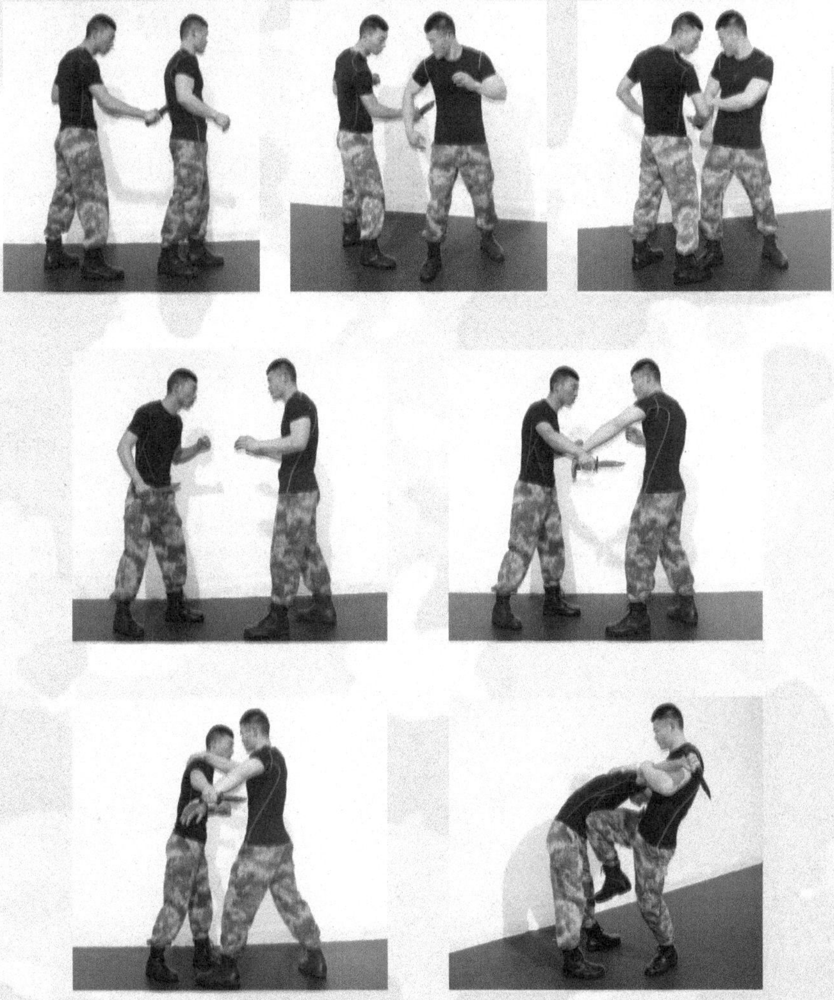

刺踢或前踢防御

侧踹防御

5 基本防守反击方法

后蹬防御

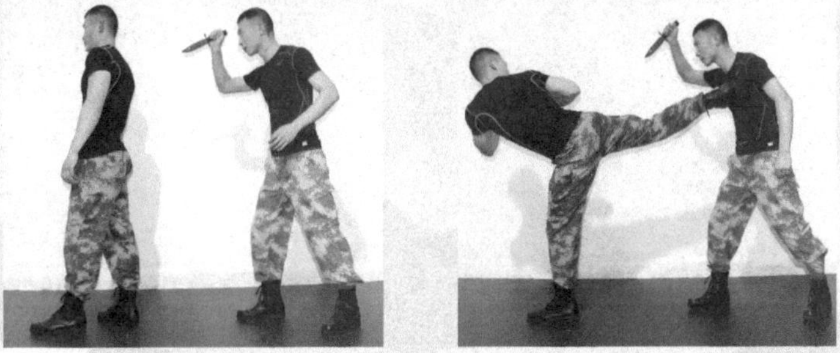

躲闪防御

格挡直击

挡抓摆击

抓拉捶击

横肘扫击

缠臂撞击

抓拉踢击

（三）徒手抵御匕首攻击的防守反击方法

1 抵御匕首劈刺的防守反击方法

格架直击冲膝

踢击抓腕拧臂

挡抓击头顶裆

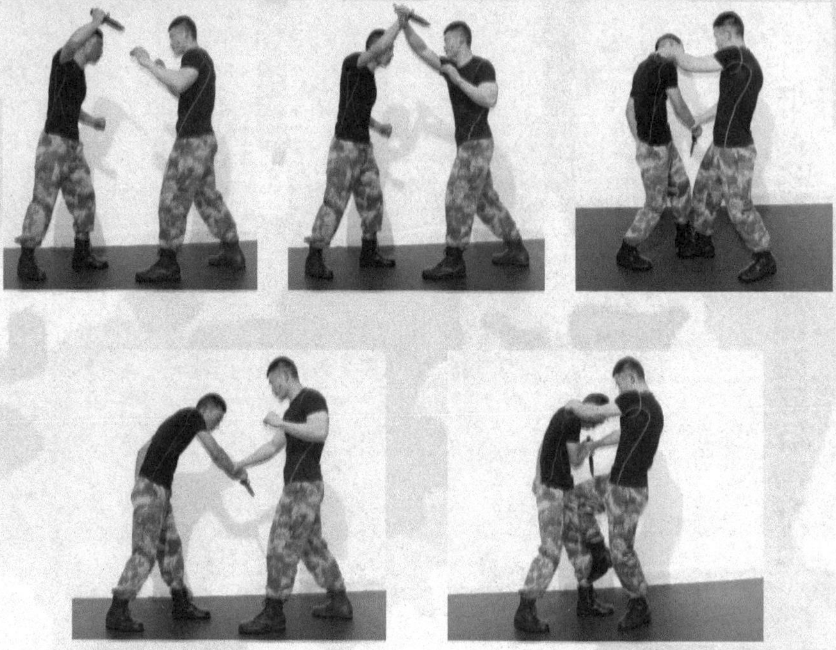

格架冲膝挫腕

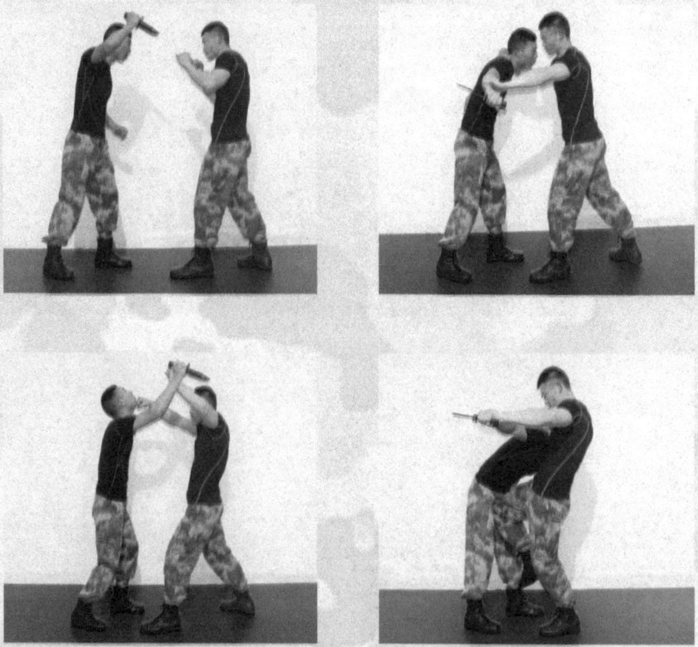

扑挡别臂拖摔或压臂撅腕

扑挡锁臂别摔

2 抵御匕首挑刺的防守反击方法

阻格揽臂顶腹

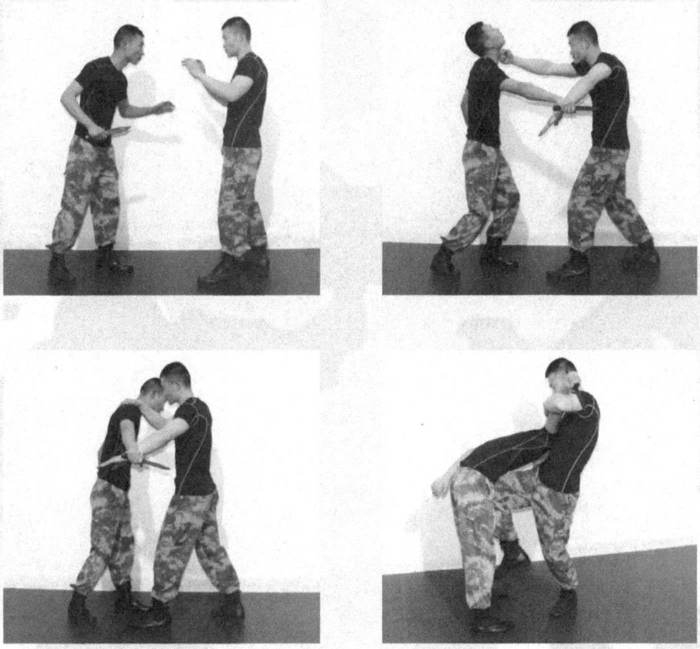

扣腕击面踢裆

扣腕戳喉拧摔

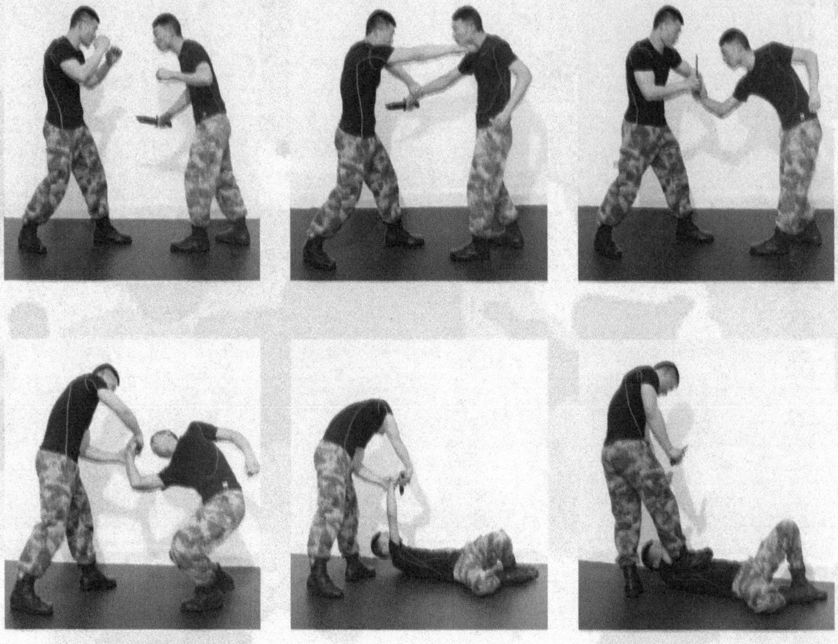

阻格抓腕，捶面顶腹

蹬颌踢裆，击头踹膝

阻格直击冲膝翻拧

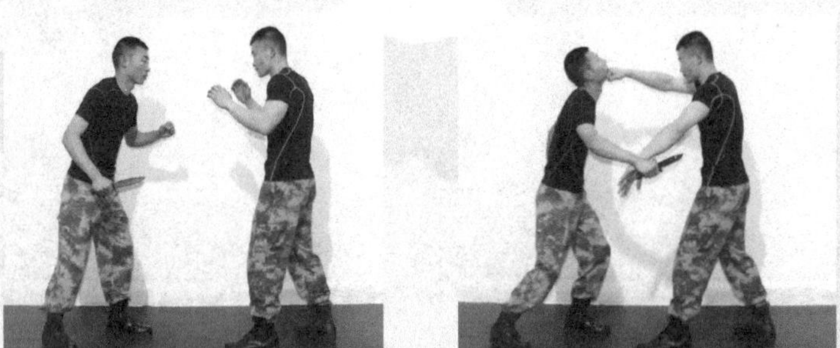

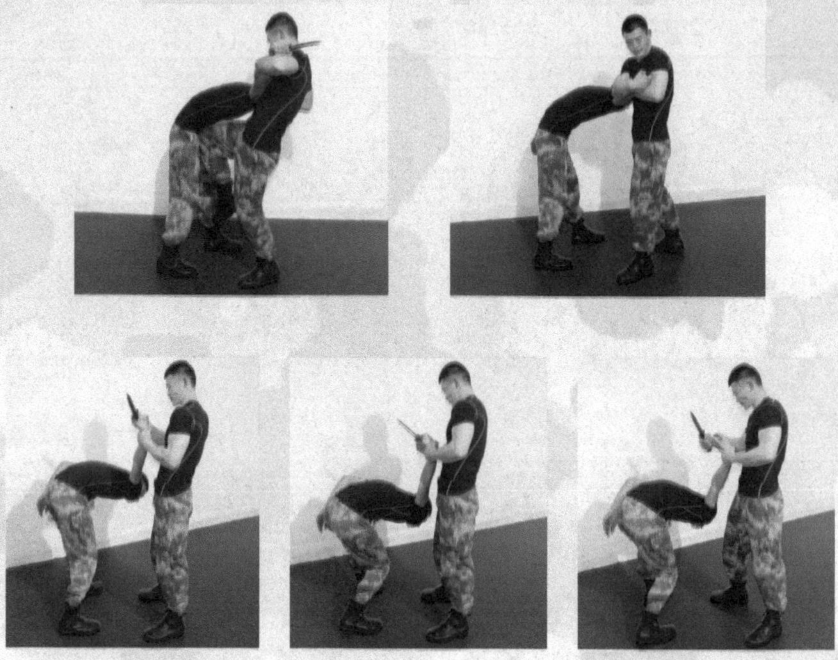

叉挡卷腕踢击

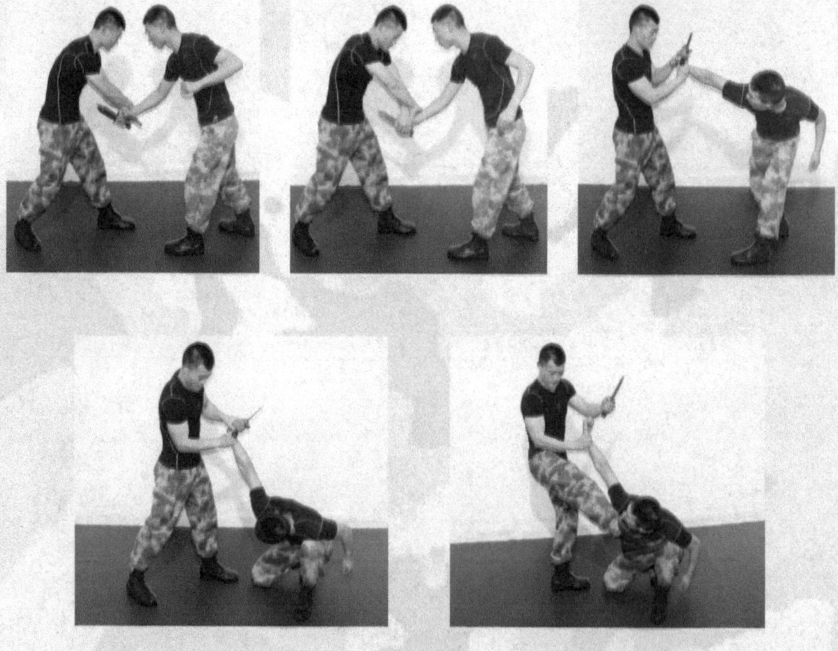

3 抵御匕首直刺的防守反击方法

磕抵戳眼踢裆

磕抵捶击顶裆

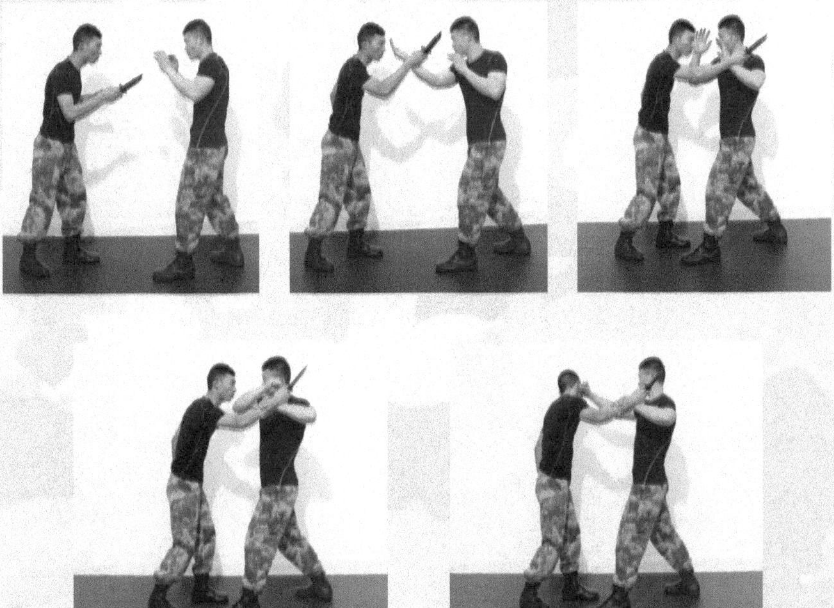

勾搂蹬踏

踢踹抓腕击头

闪身踢裆，揽臂挫腕

磕抵击头踢裆挫腕

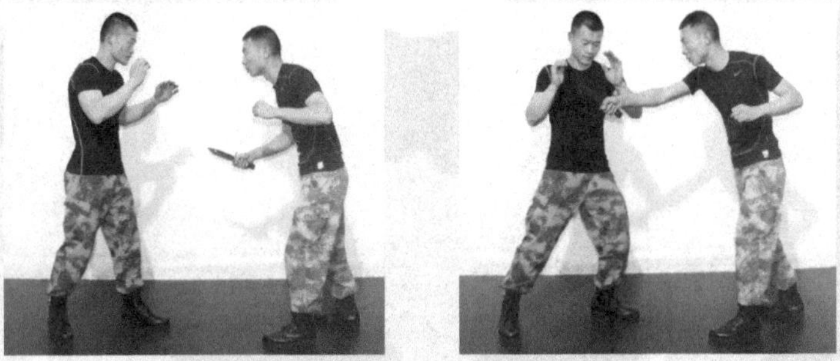

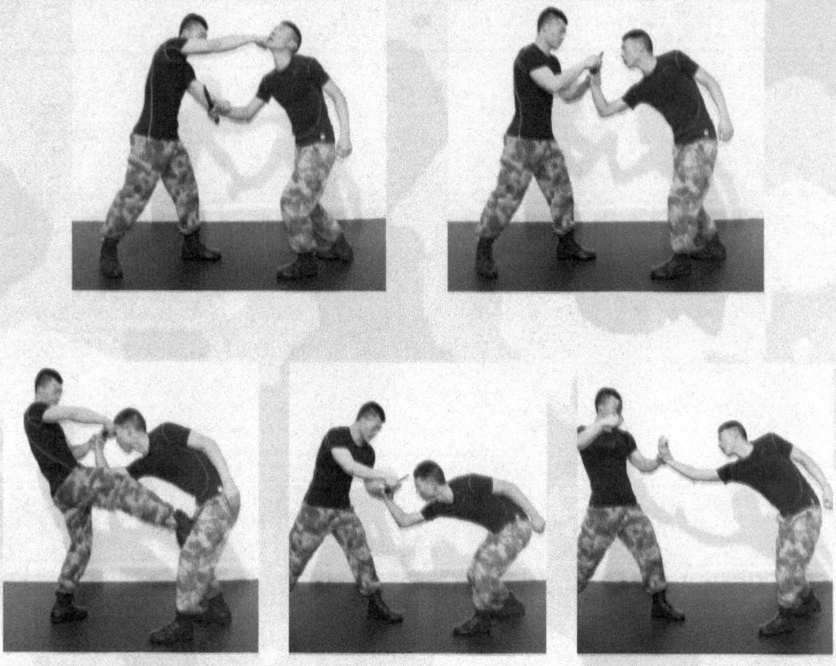

磕抵抓腕，踢击挫腕

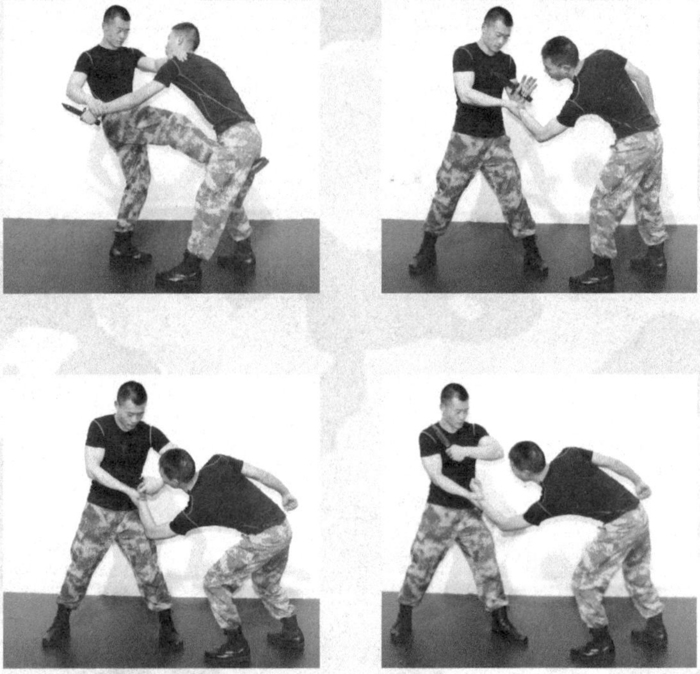

侧踹防御，挡抓击头

推拨防御，连续踢击

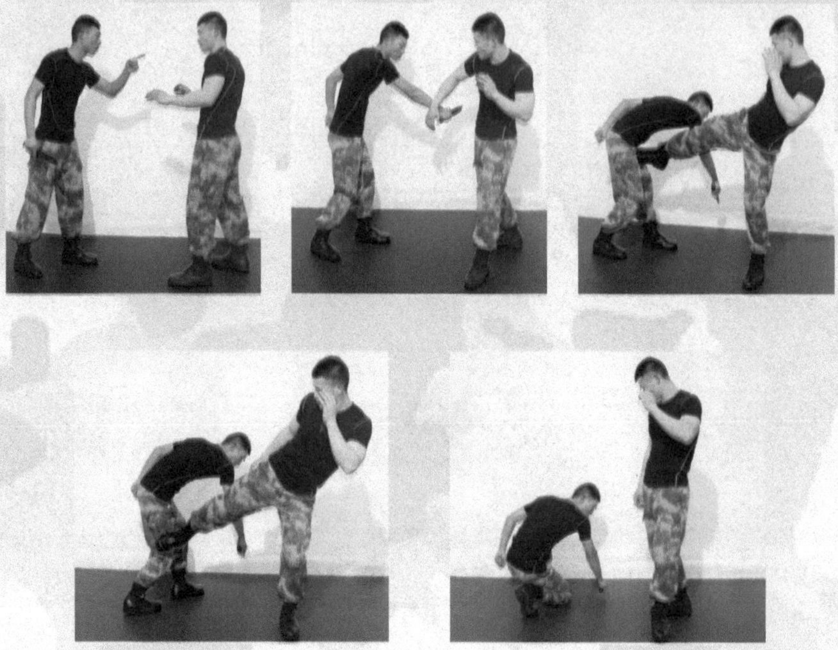

抓腕袭裆勾踢摔

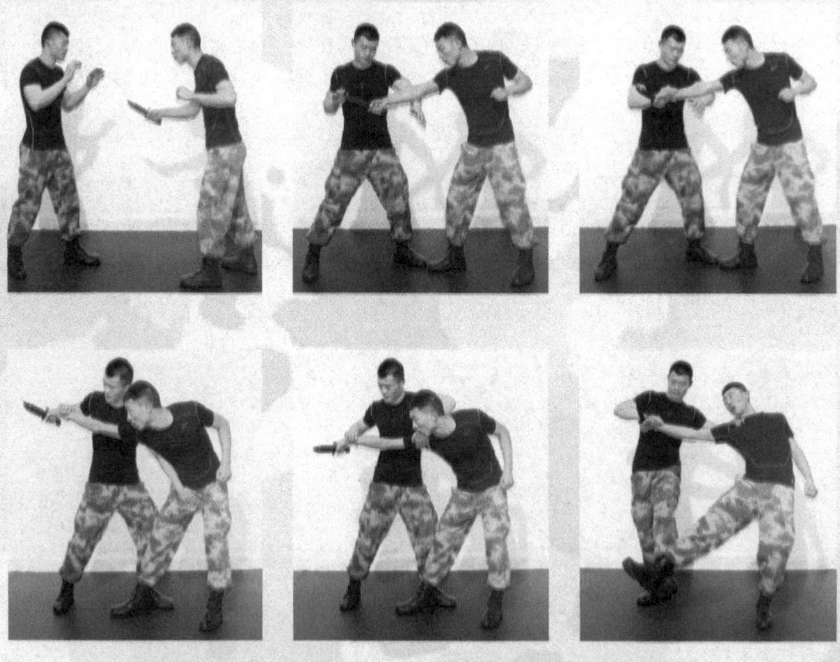

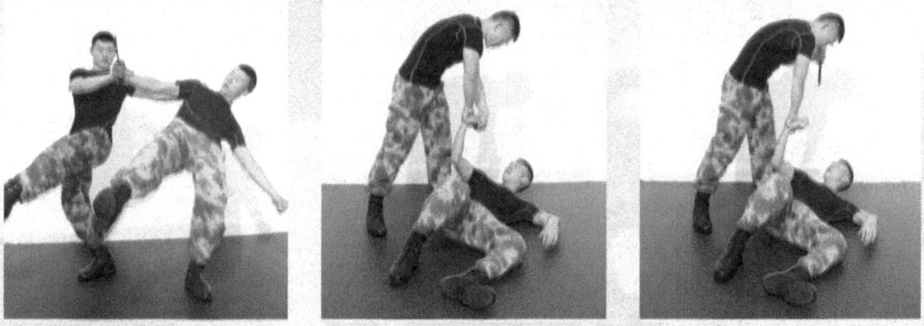

抓腕击裆，踩摔撅腕

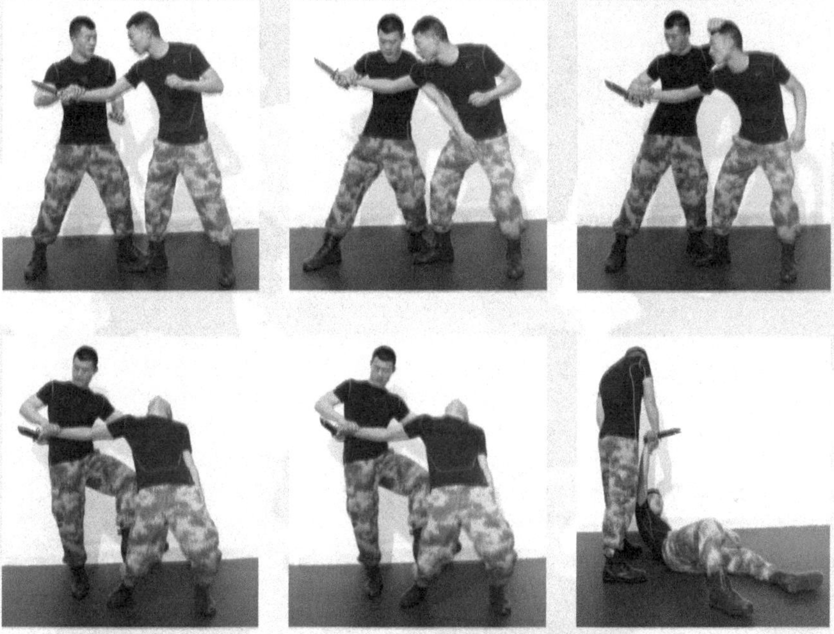

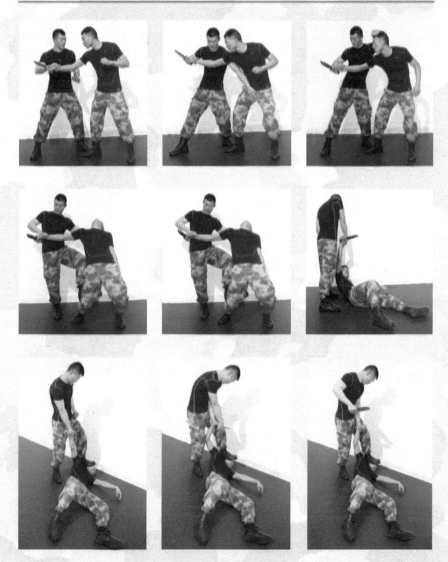

揽臂撅腕夺刀刺

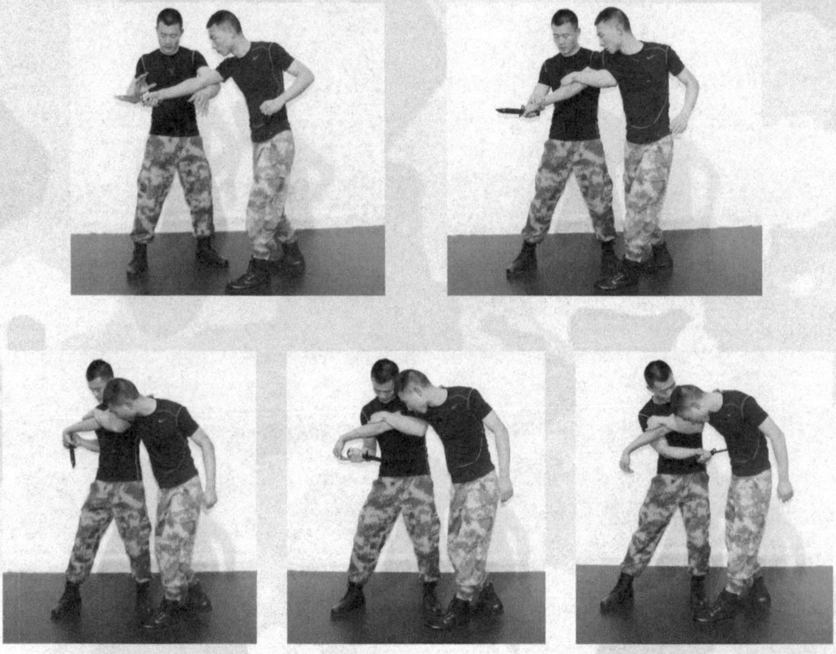

撩挂防御，鹅颈夺刀

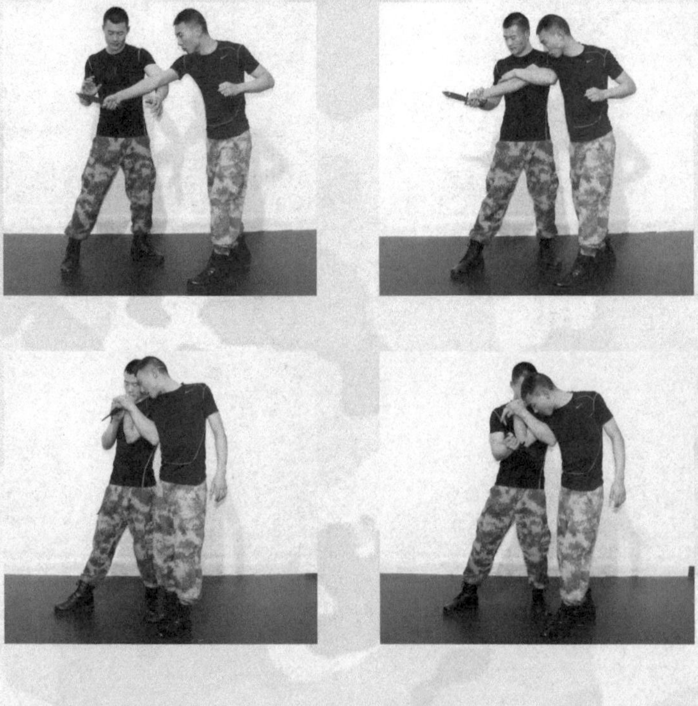

闪身防御，锁臂压摔

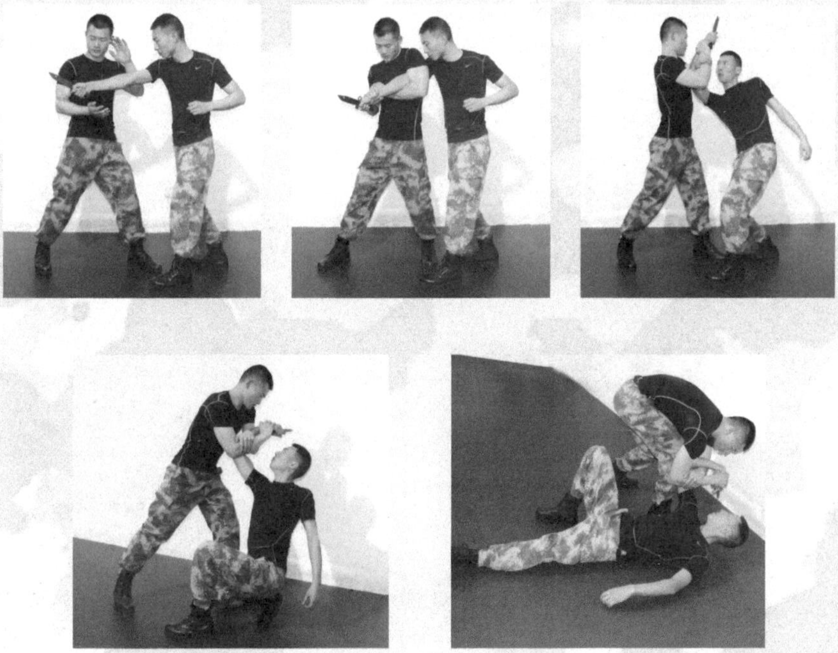

4 抵御匕首划割的防守反击方法

格架踢裆，抓腕砍颈

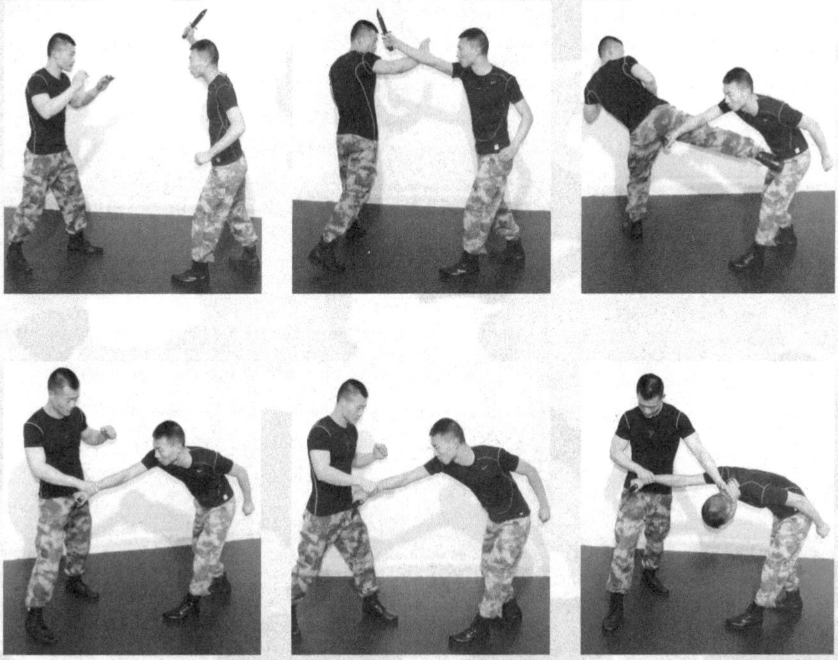

格架揽臂，冲膝挫腕

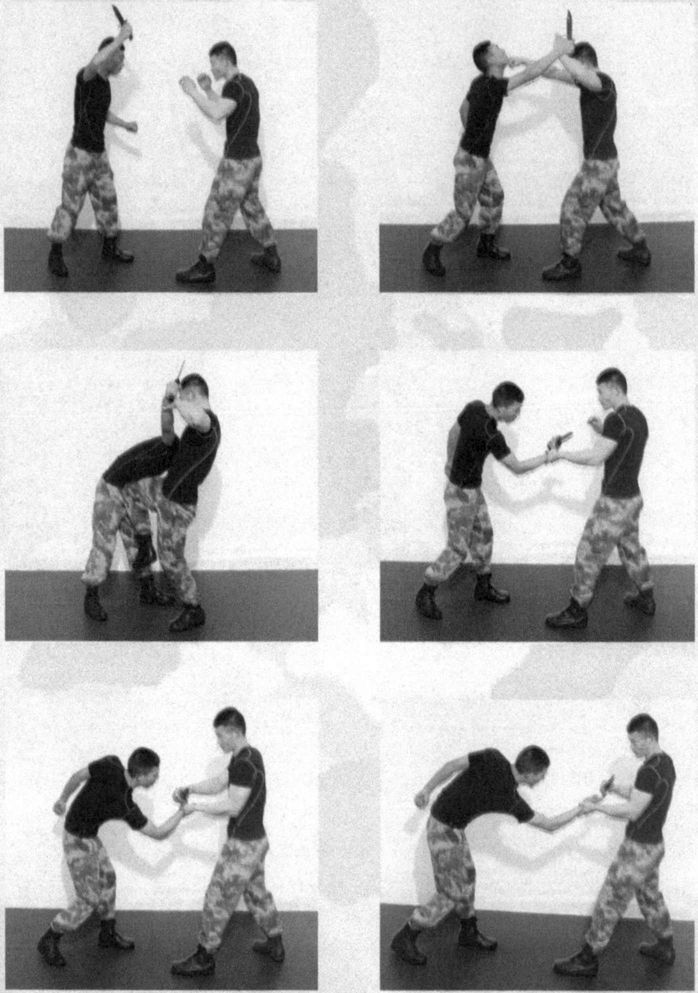

磕抵抓腕，击面挫腕

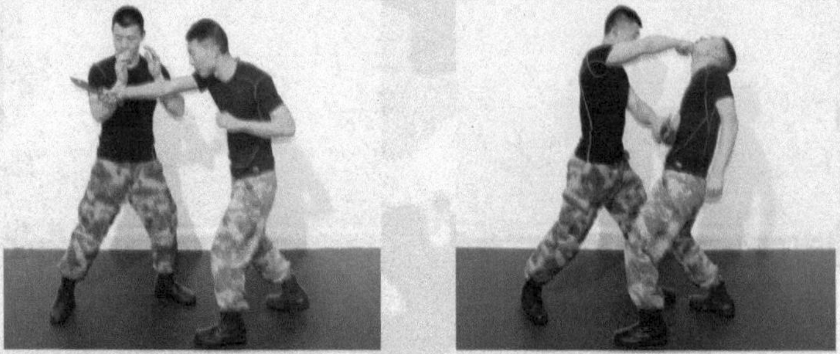

闪身磕抵，扳颌摺摔

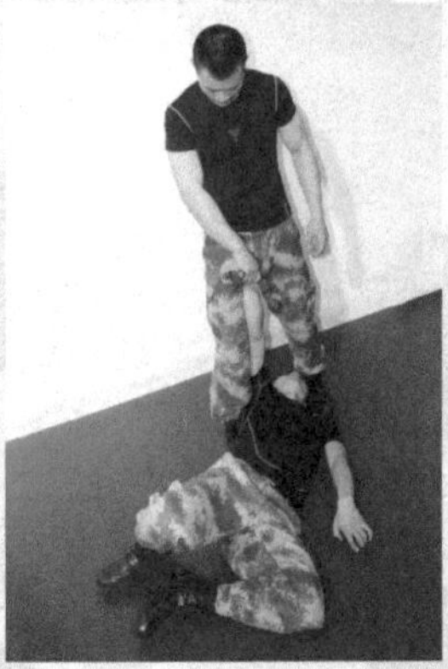

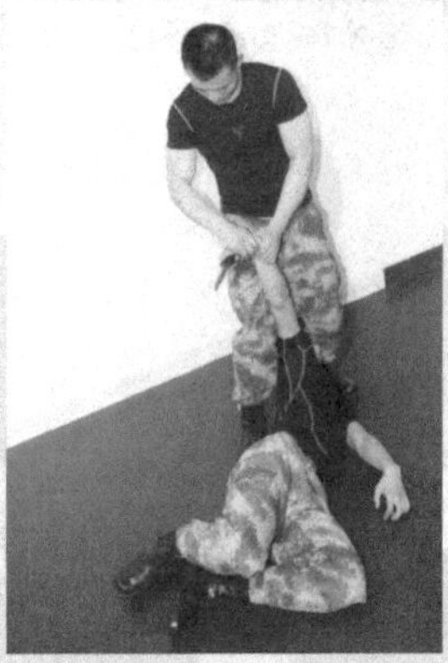

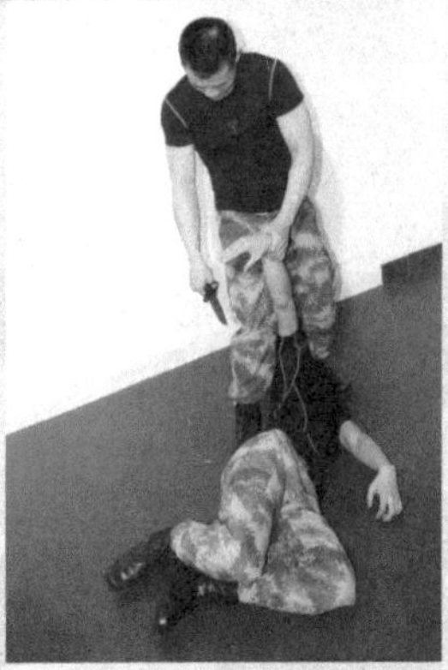

5 抵御匕首挟持的防守反击方法

推拨踢裆，抓腕击头

抓推直击，踢裆挫腕

抓推击头，顶裆压臂

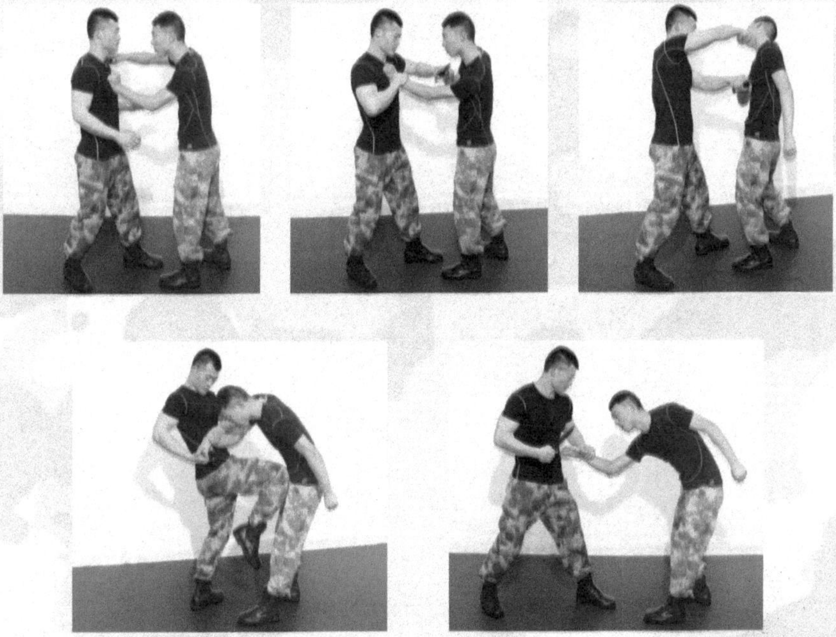

抓推防御击面

抓推击裆，卷腕抹颈

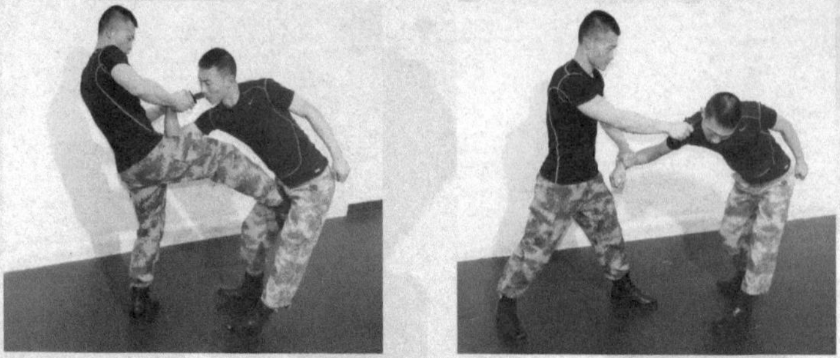

抓臂挫腕，弹踢抹颈

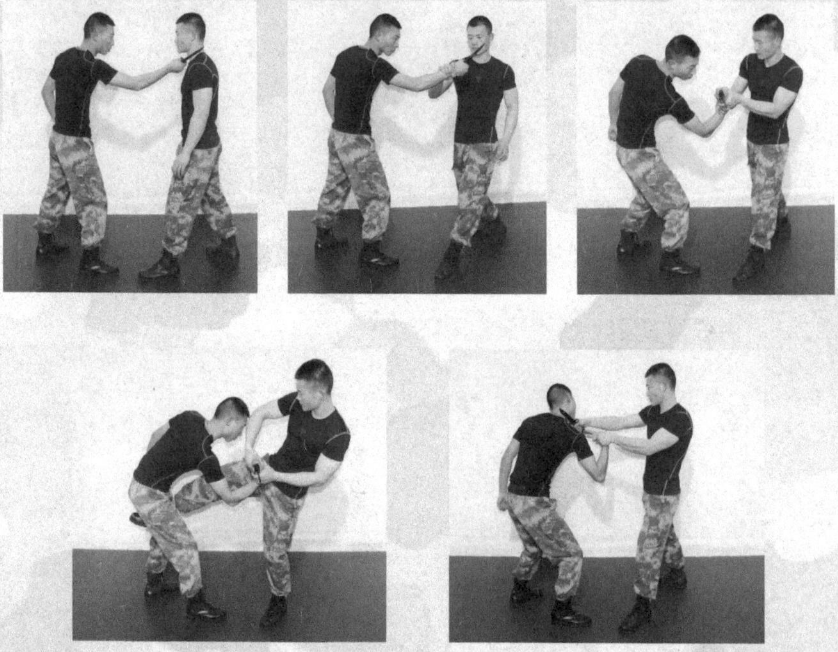

转身外格，揽抱横肘

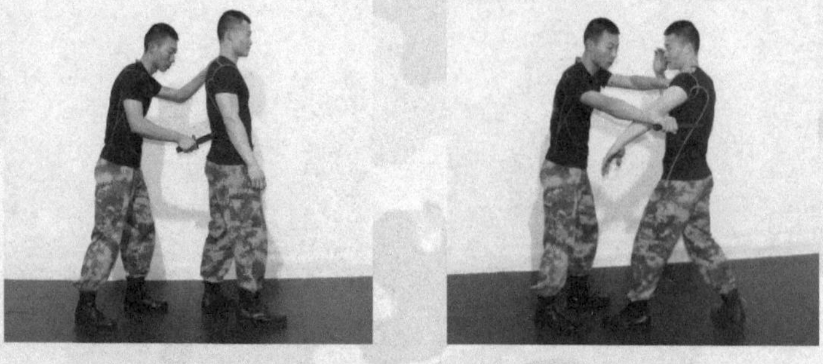

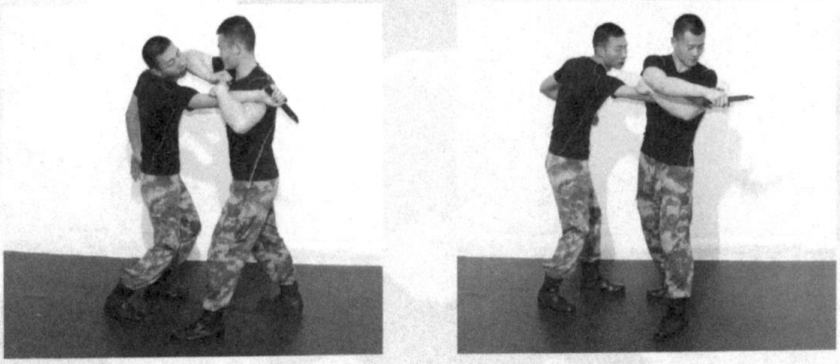

挂拨防御，搂抱冲膝

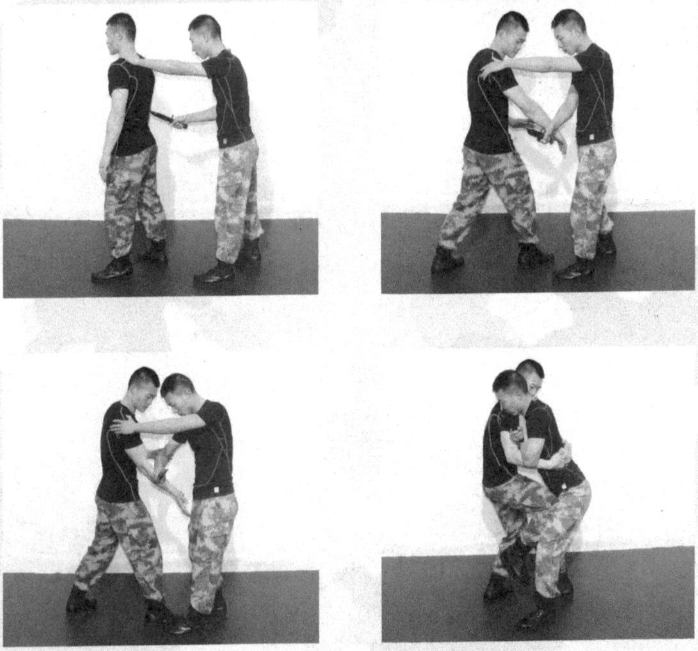

转身挂拨，撞面顶裆

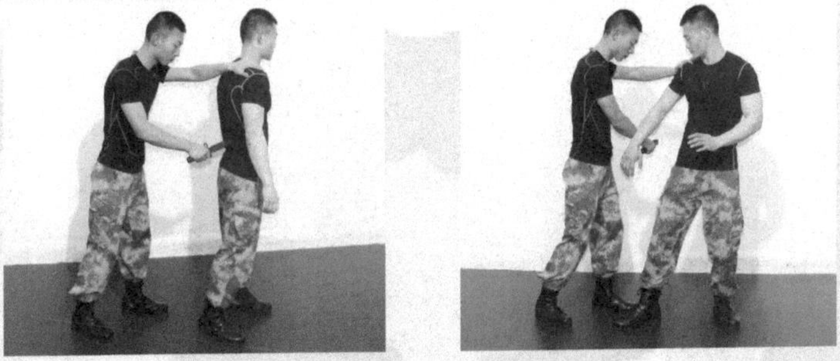

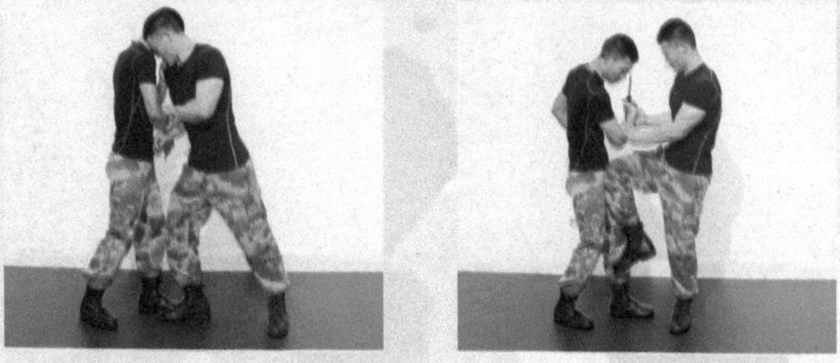

抓腕拧臂，搅抱顶膝

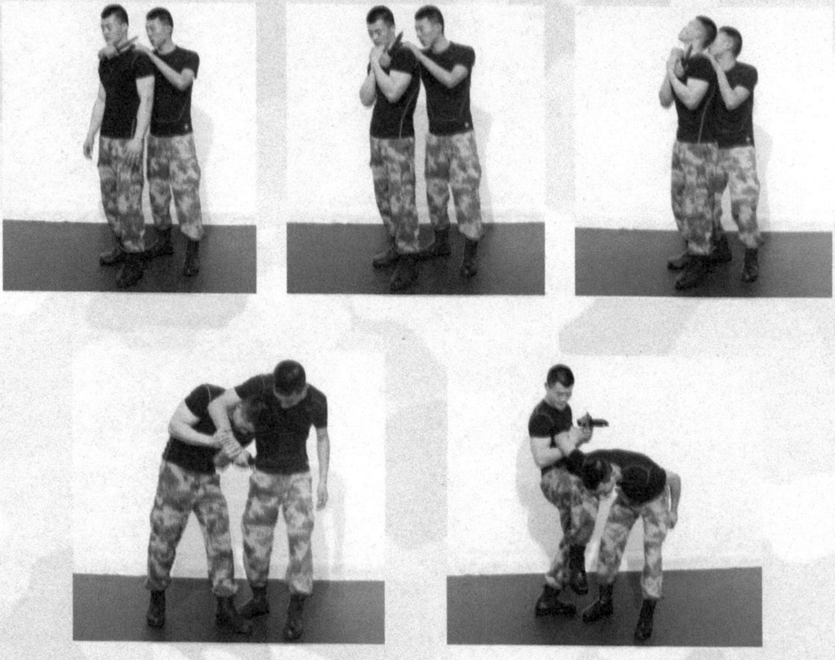

挂拨横肘，踢裆拧腕

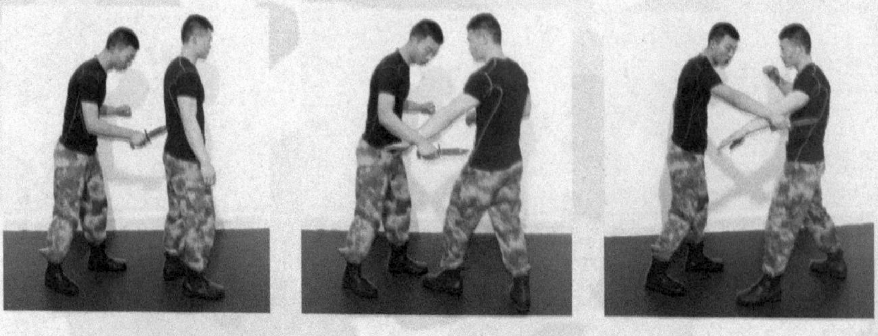

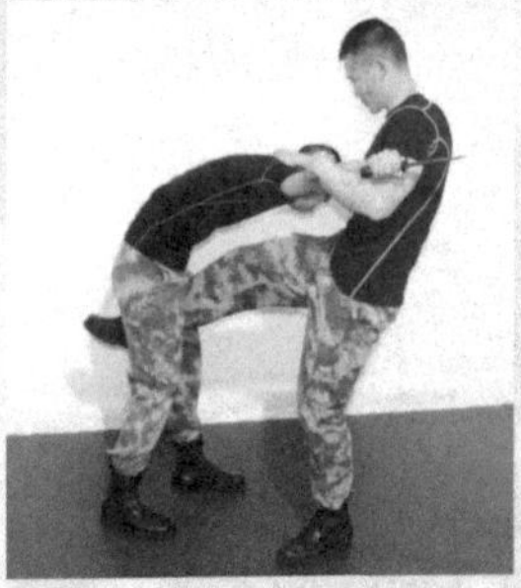

抓腕拧臂，推挤反刺

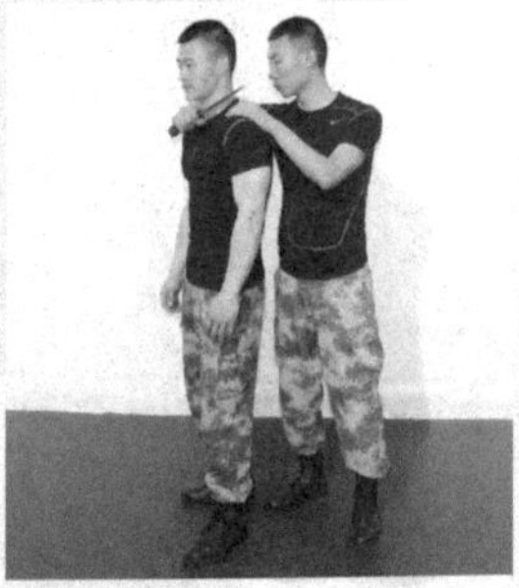

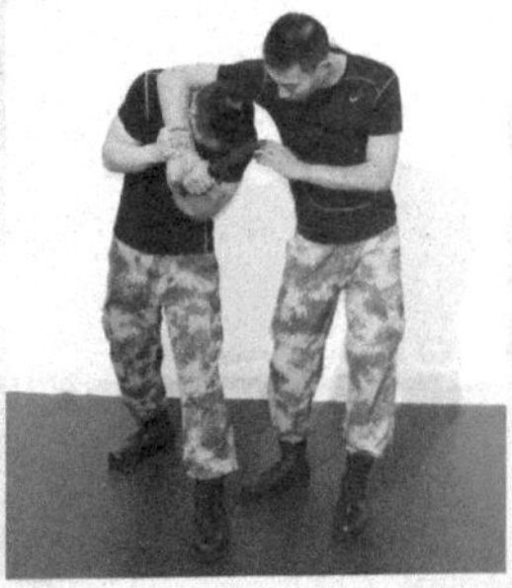

抓腕掐肘，拧臂折摔

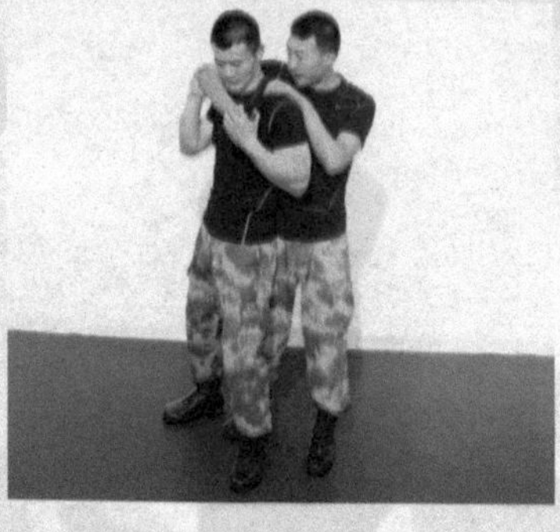

6 抵御匕首被迫触地威胁的防守反击方法

抵腹防刺，蹬臂踹颌

抓腕锁臂，挫腕夺刀

格架击头，缠臂别锁

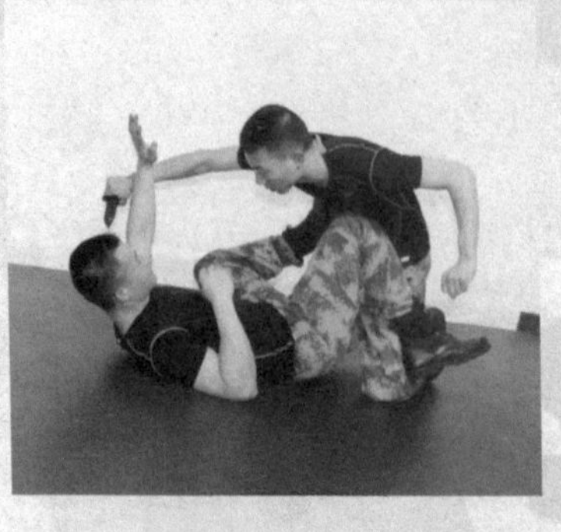

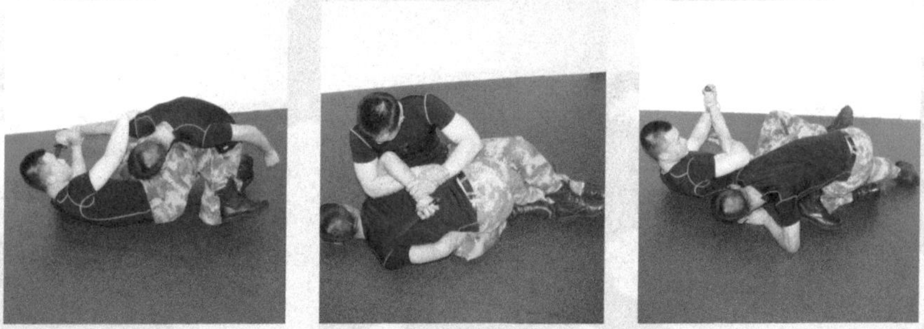

推拨抓腕，拉臂踹头

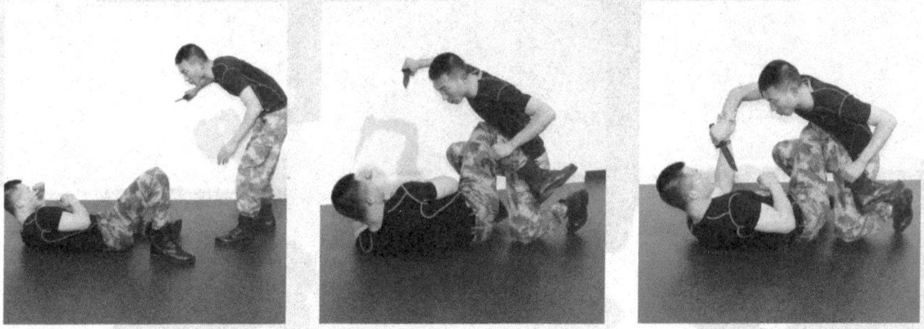

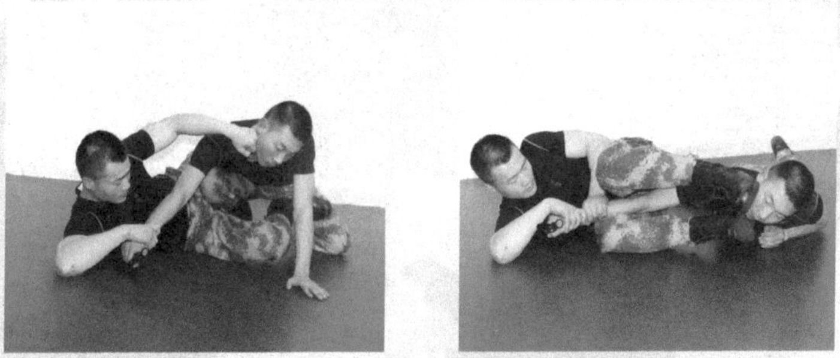

磕抵扣腕，挫指蹬头

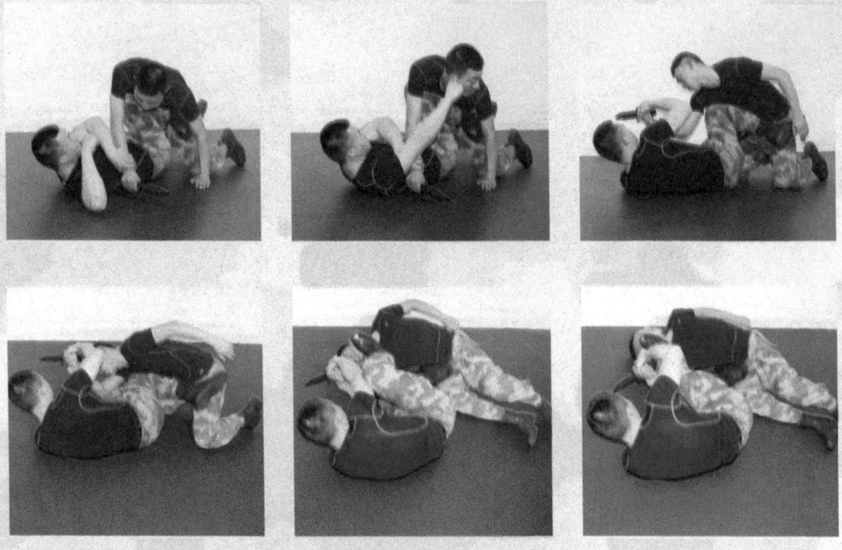

磕抵击面，扣腕锁臂

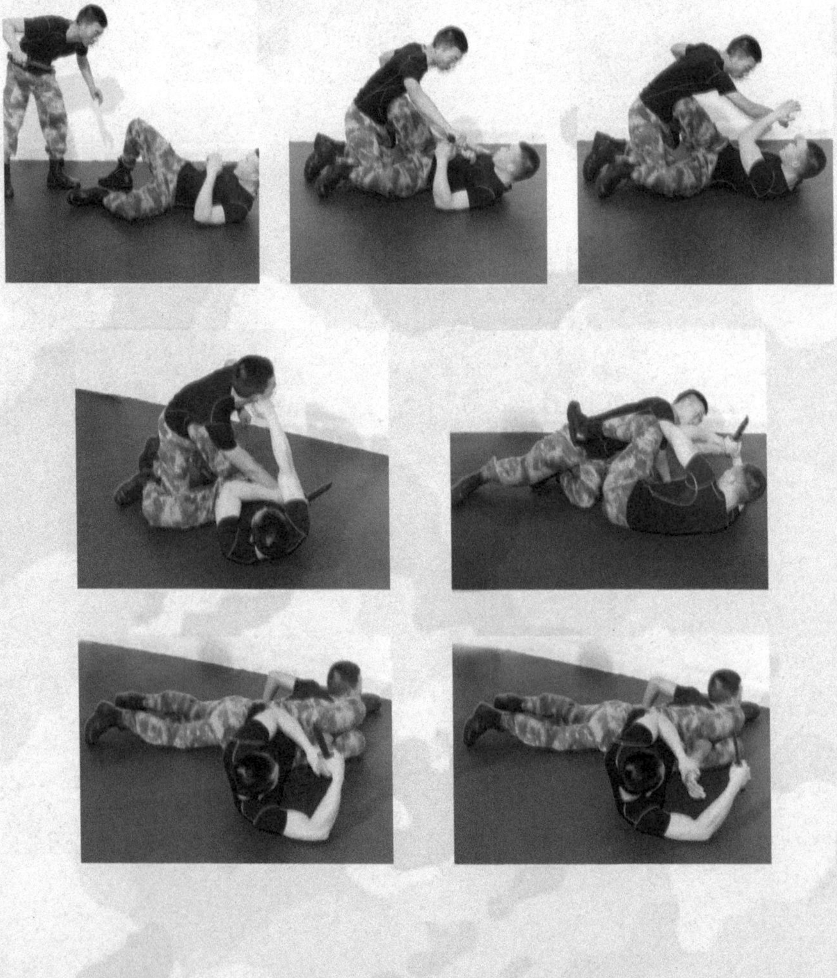

二、短棍

（一）短棍握持方法

1 单手握棍

无棍梢握持法

有棍梢握持法

2 双手握棍

双手顺握

双手对握

（二）短棍进攻与防守方法

1 短棍的基本攻击方法

劈砸

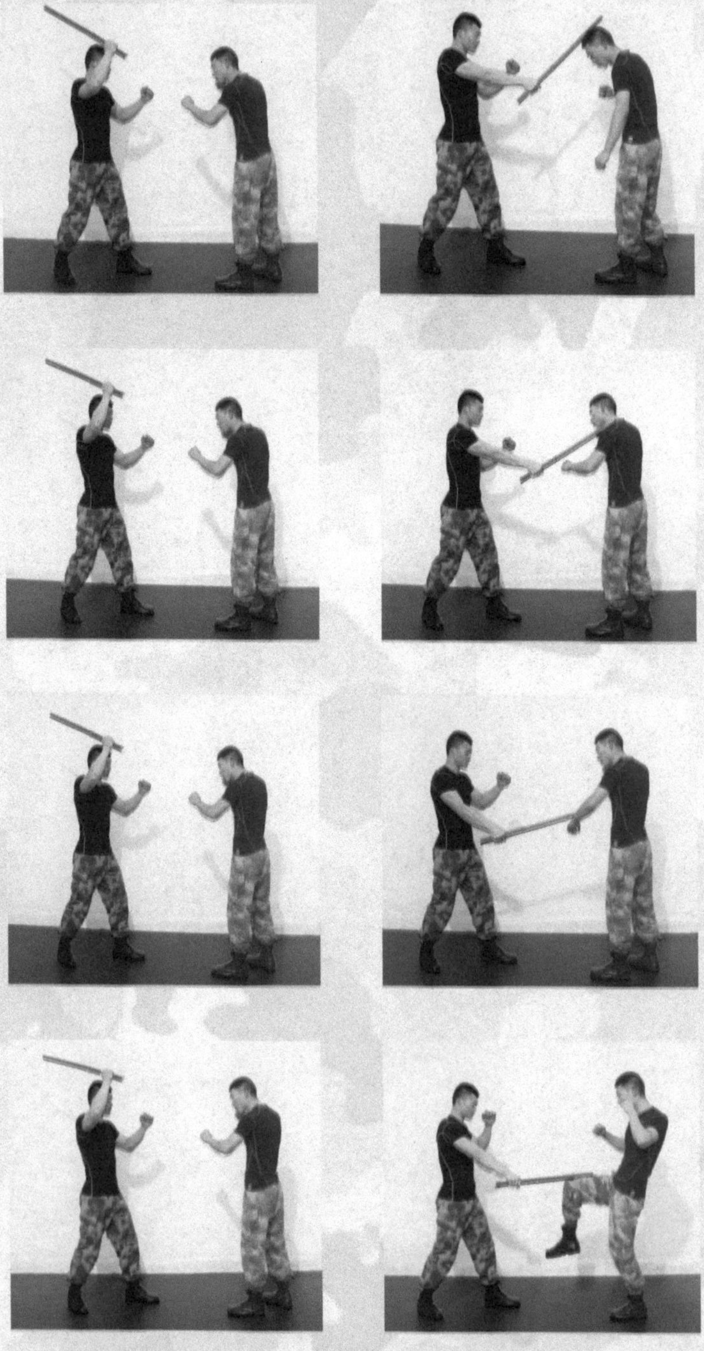

抡扫

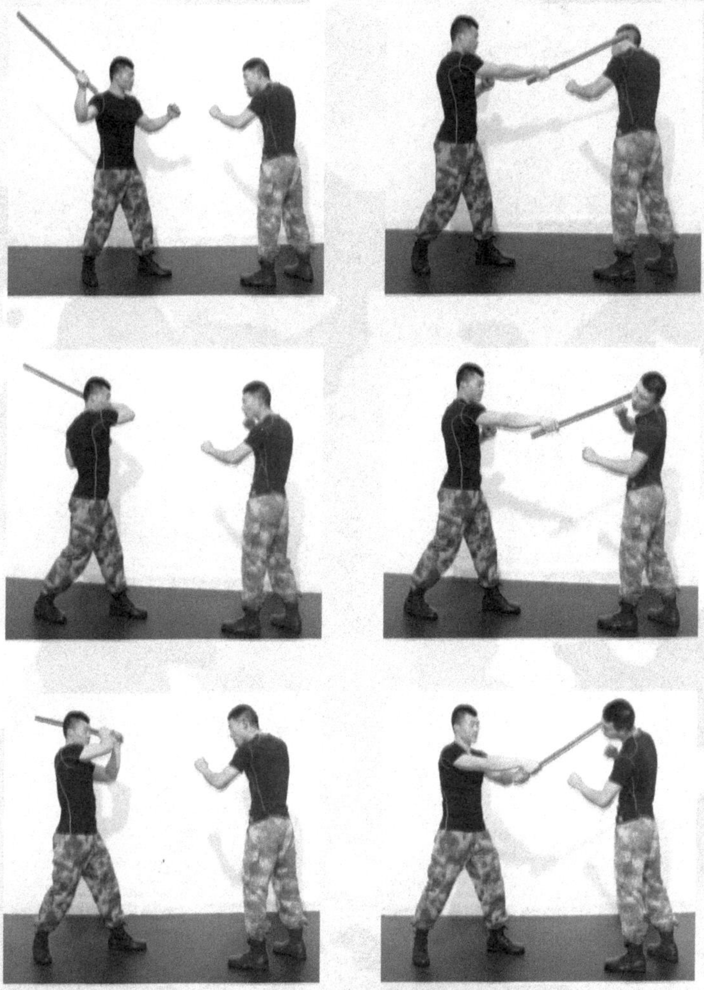

戳捅

撩挂

窒息

2 短棍的基本防守方法

单手持棍防守方法

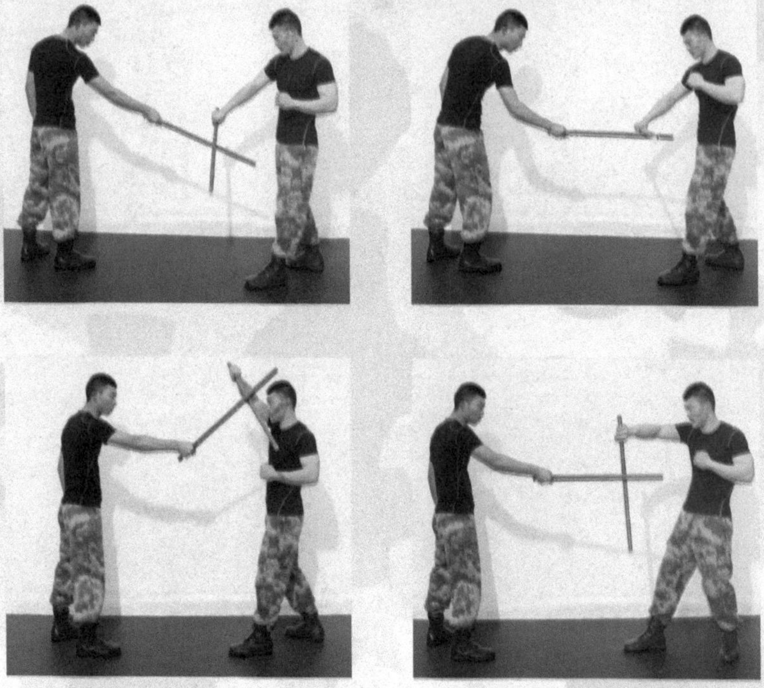

双手持棍防守方法

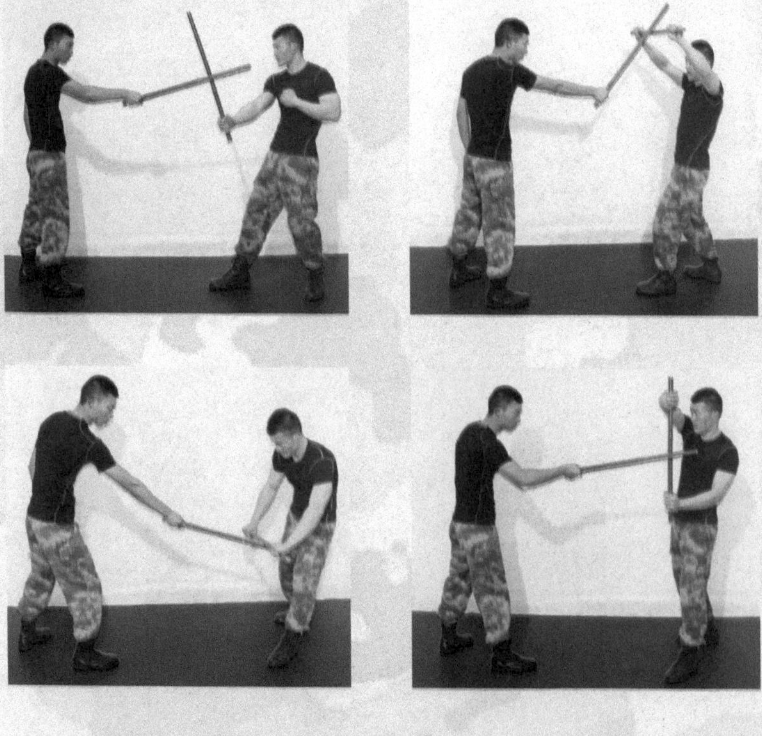

（三）徒手抵御短棍攻击的防守反击方法

1 抵御短棍劈砸的防守反击方法

外搪防御，击面踢裆

扑挡防御，撞面顶腹

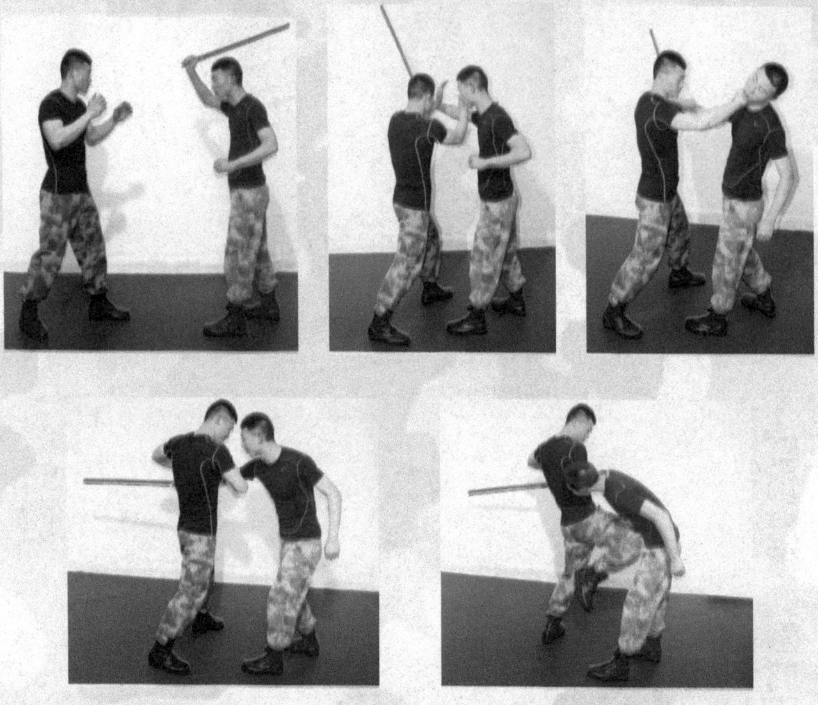

内搪顶膝，夹肘扫面

外搪勾击，抓臂捋腕

外搪直击，撬腕劈颈

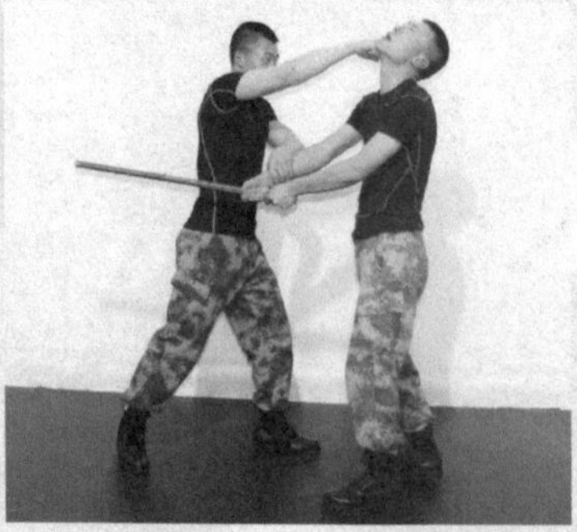

内搪顶膝，压肩击面

外搪直击，掰手撅腕

内搪踢裆，别肘抡扫

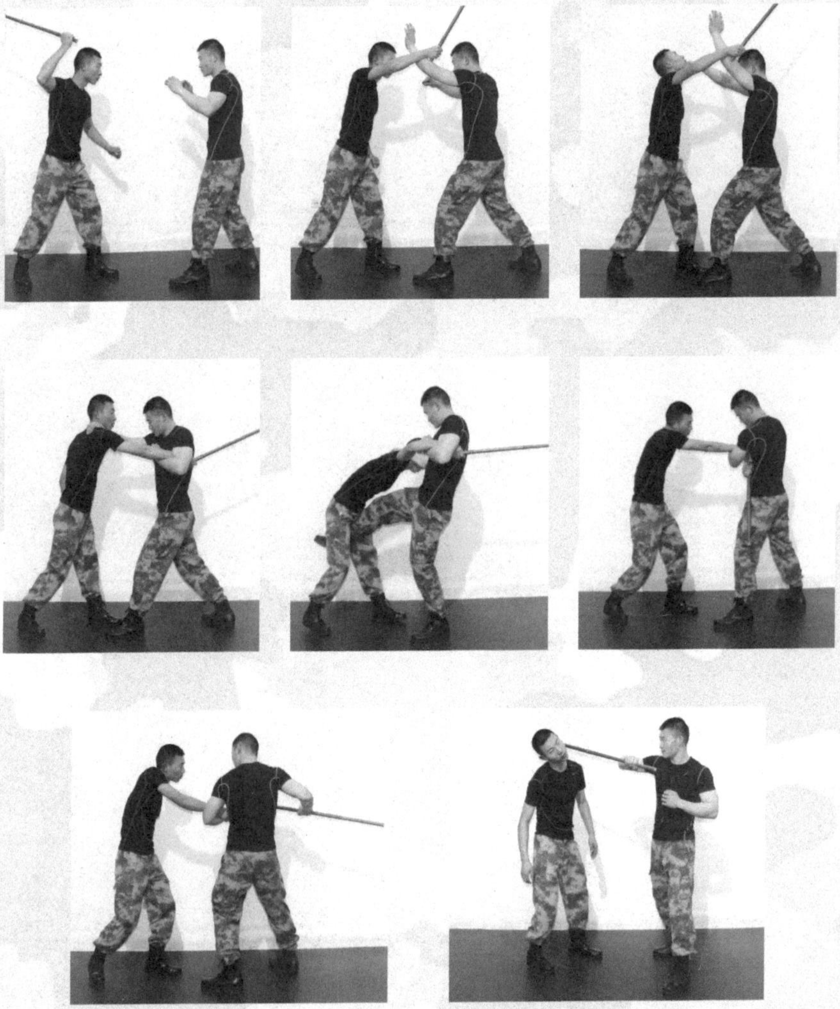

外搪直击，锁臂掰撅

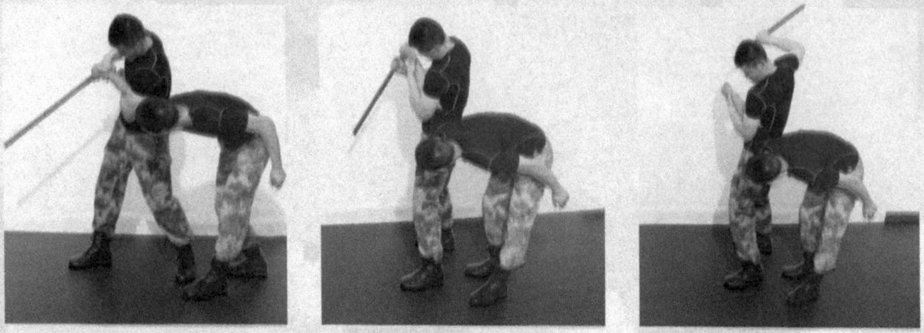

外搪肘击，撞腕抡头

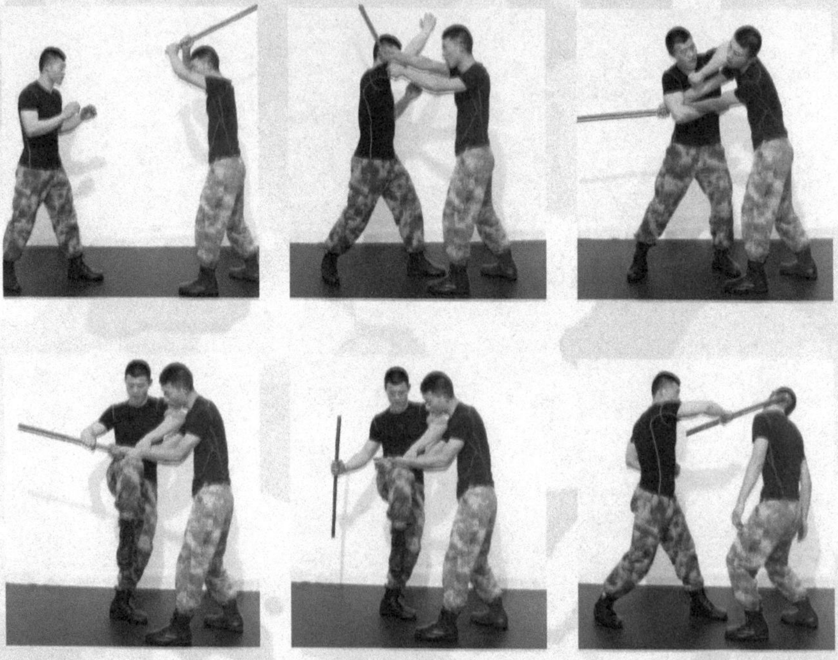

内搪直击，顶腹扳摔

内搪推面，挂摔砸头

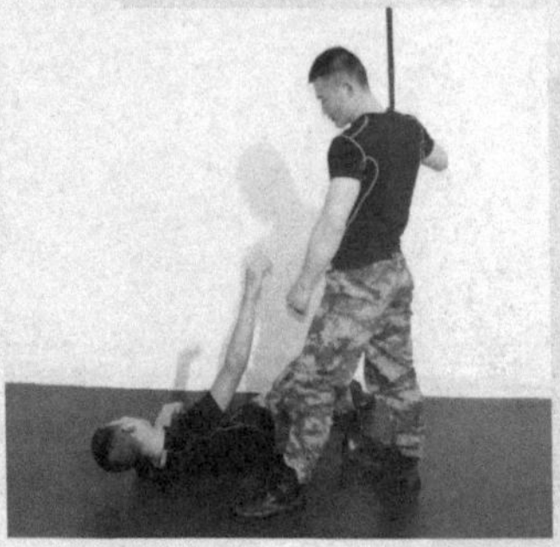

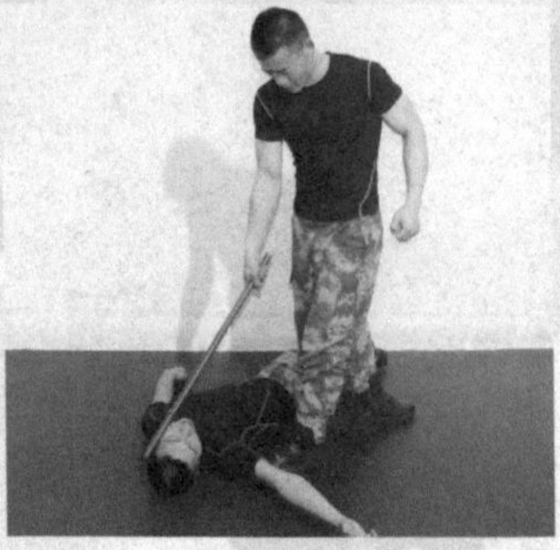

外搪挡抓，抡扫劈砸

侧闪按抓，别腕戳喉

外搪夹击，旋身摺摔

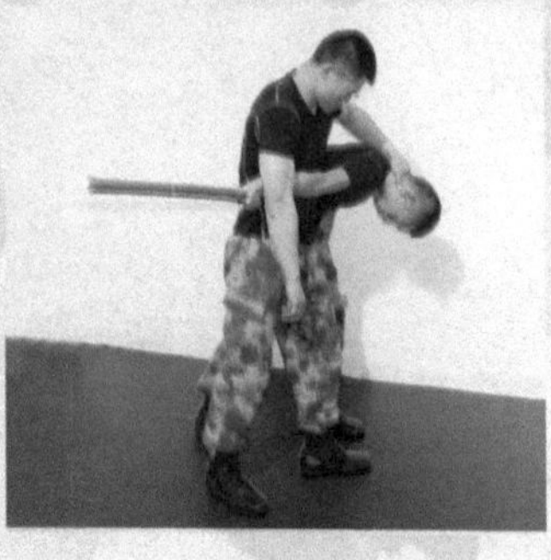

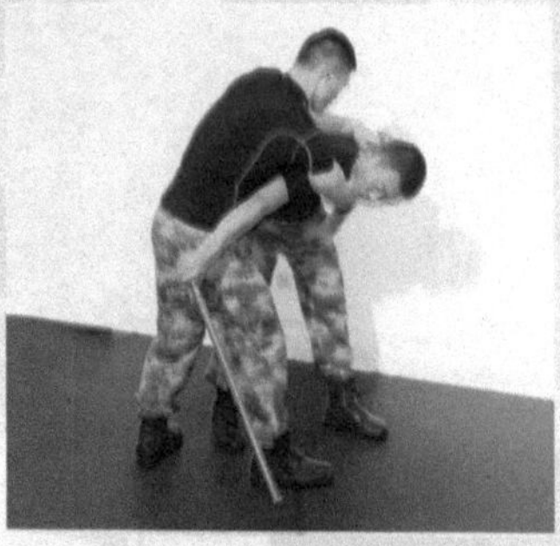

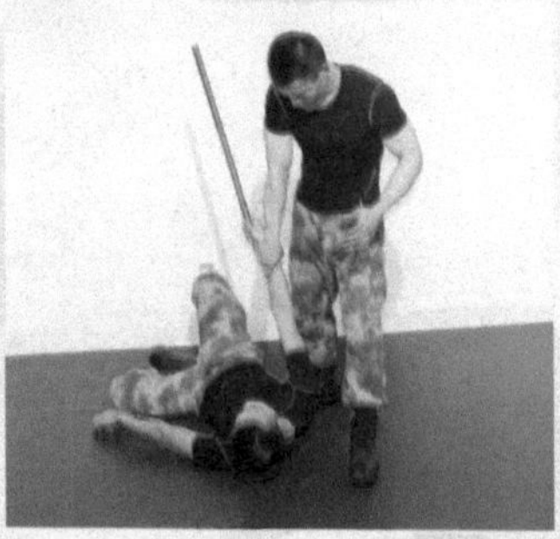

2 抵御短棍抡扫的防守反击方法

扑挡顶膝，锁臂掰肩

搪挡扫肘，顶膝侧踹

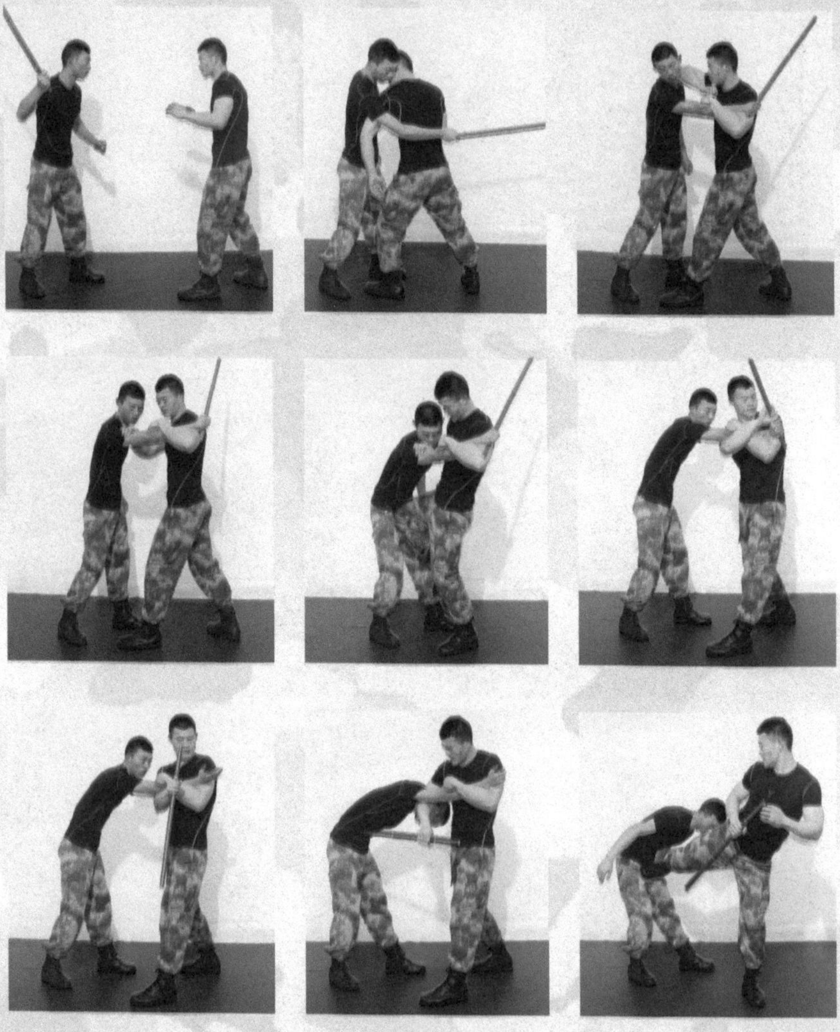

搪挡连击，掰撅抡劈

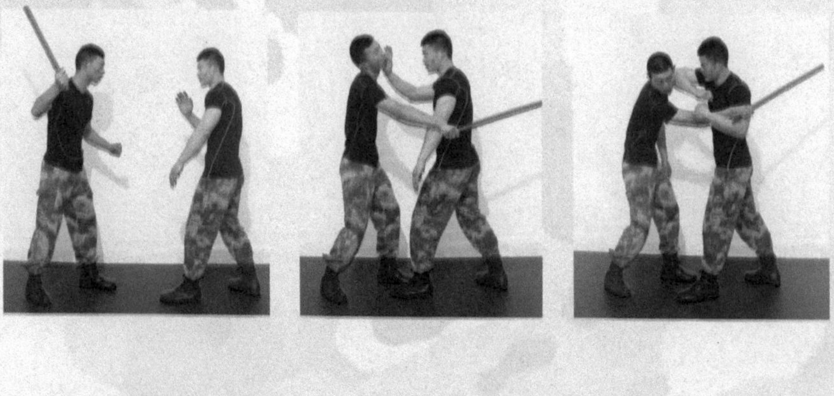

躲闪磕防，弹撞踹膝

内搪顶腹，弹裆抡头

提膝防扫，冲膝撞腕

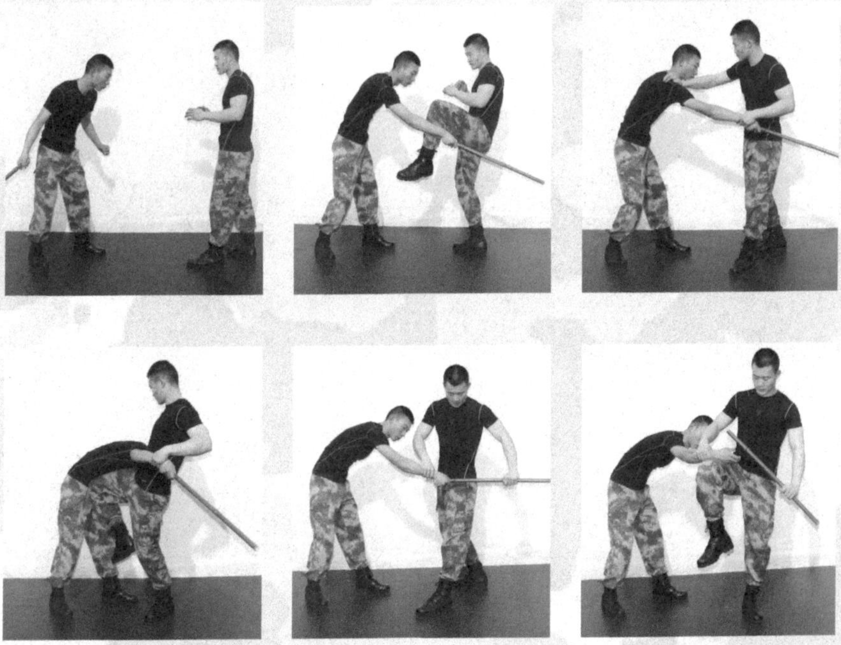

提膝防扫，别腕扫挑

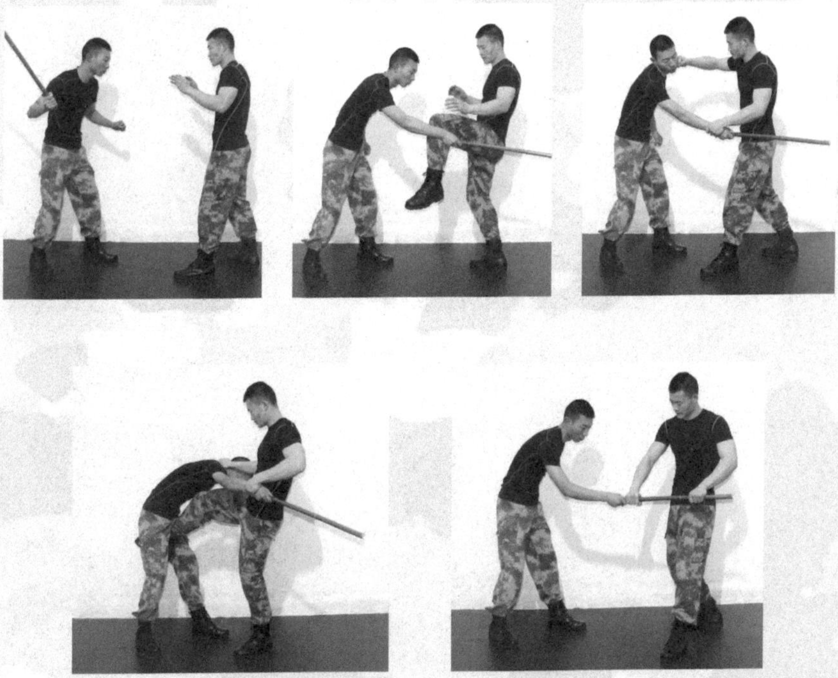

肋抵防扫，别腕踢裆

闪扑踢踹，跪臂扳头

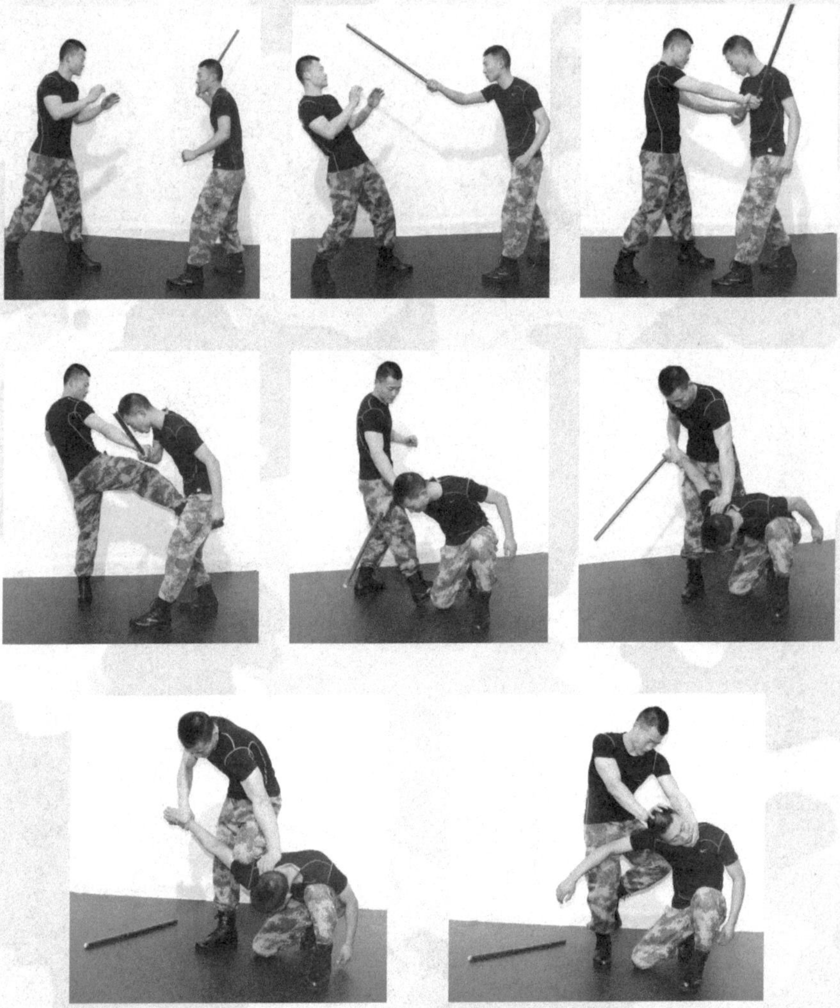

推脸抓棍，旋身推摔

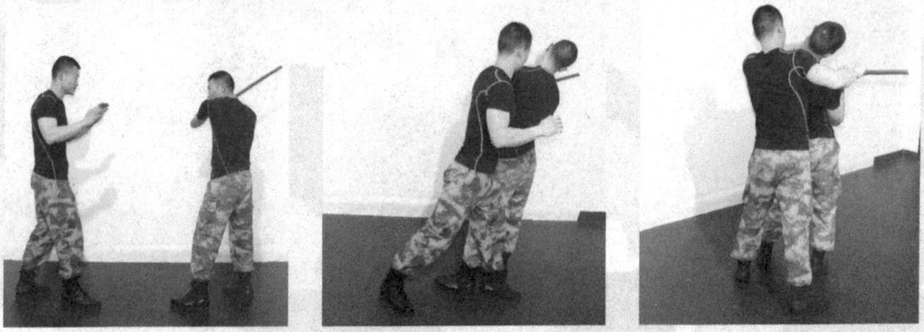

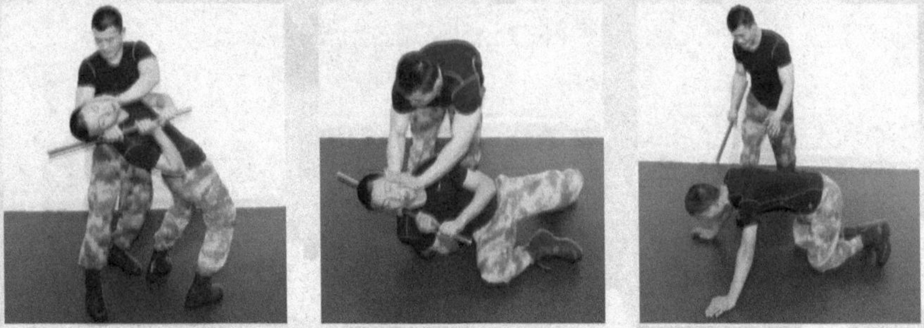

3 抵御短棍戳捅的防守反击方法

拨挡推抓，踢裆击面

拨挡扑抓，撤拉踢裆

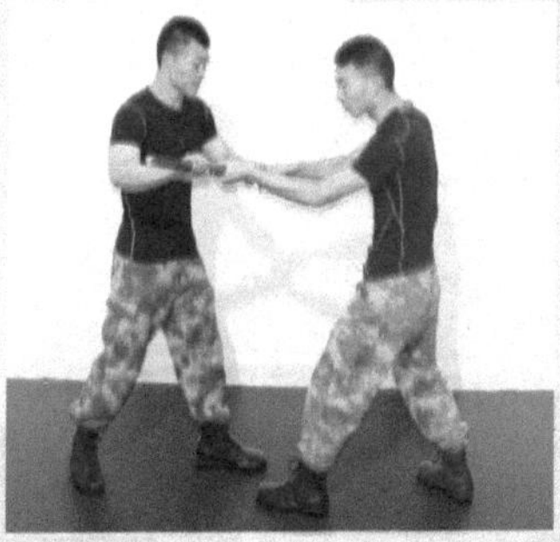
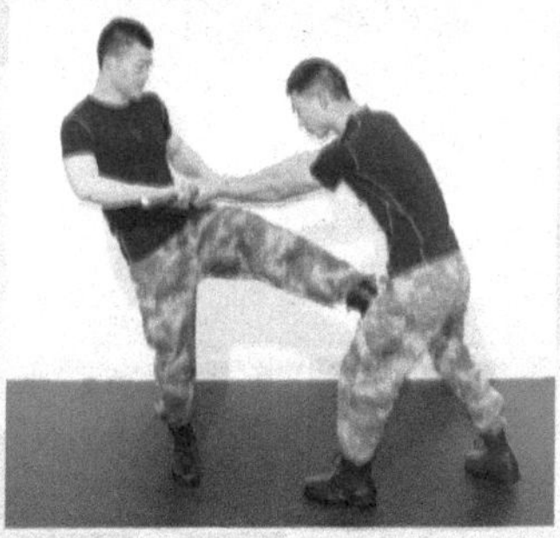

4 抵御短棍窒息的防守反击方法

抓拉翻身，踢裆抡扫

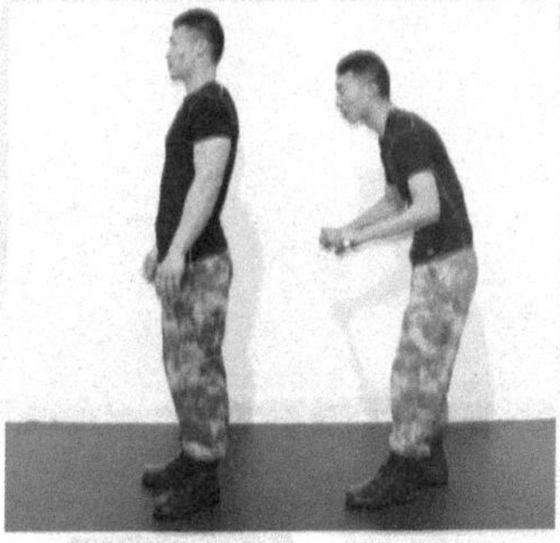
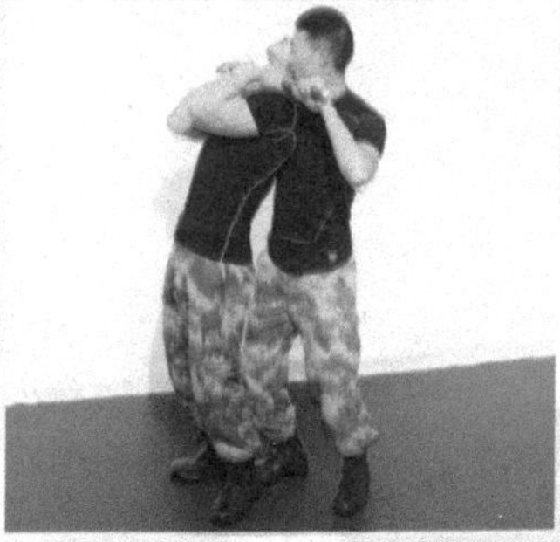
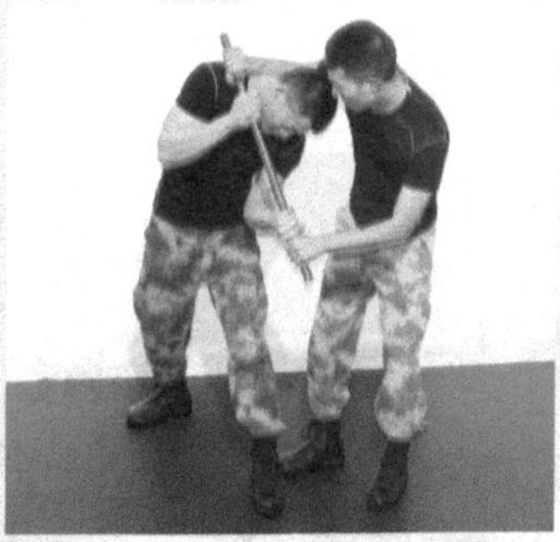
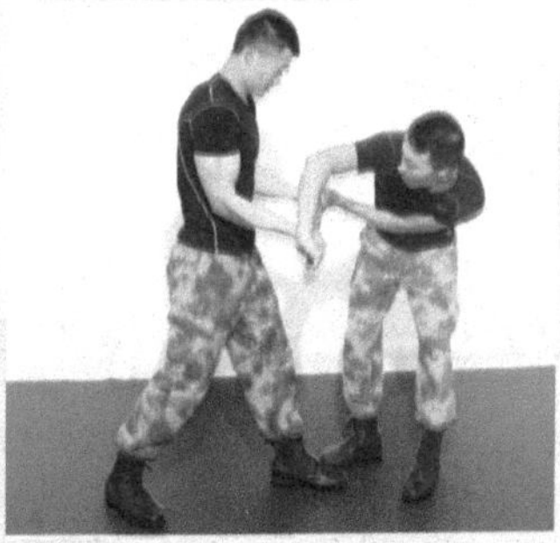
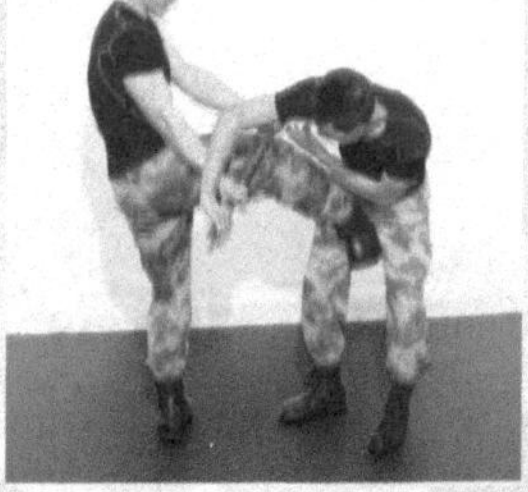
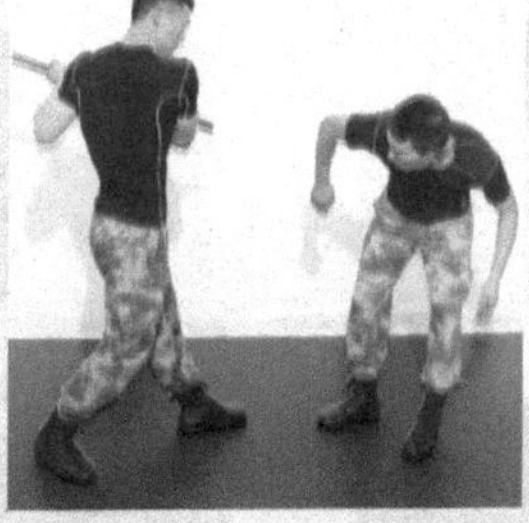
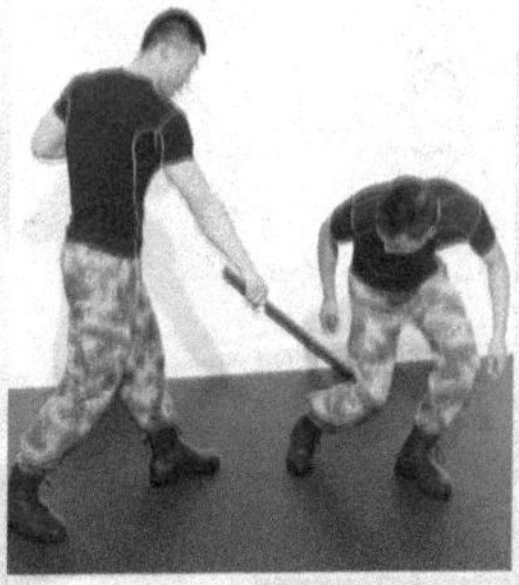

握棍背摔戳击

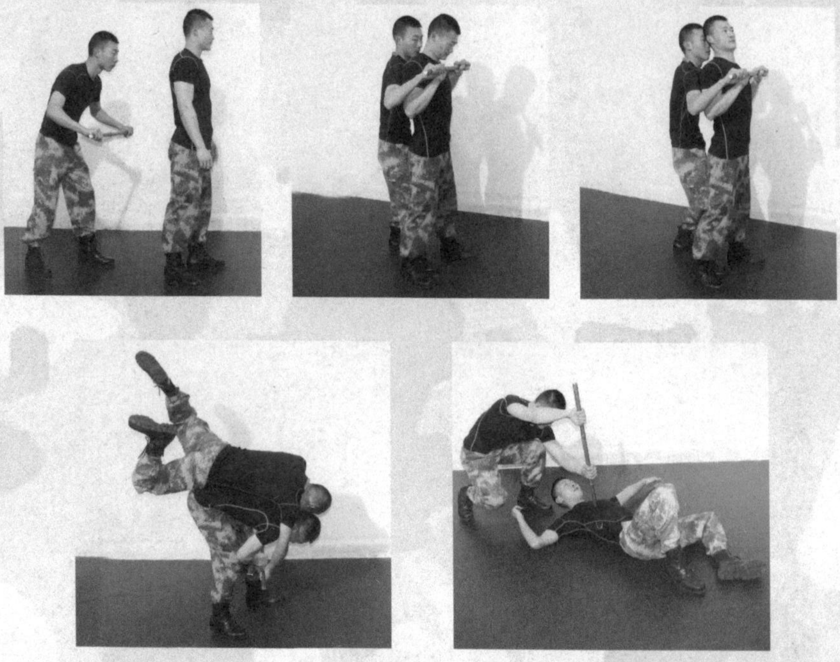

5 抵御夺棍被迫触地威胁的防守反击方法

滚翻防劈，抱摔直击

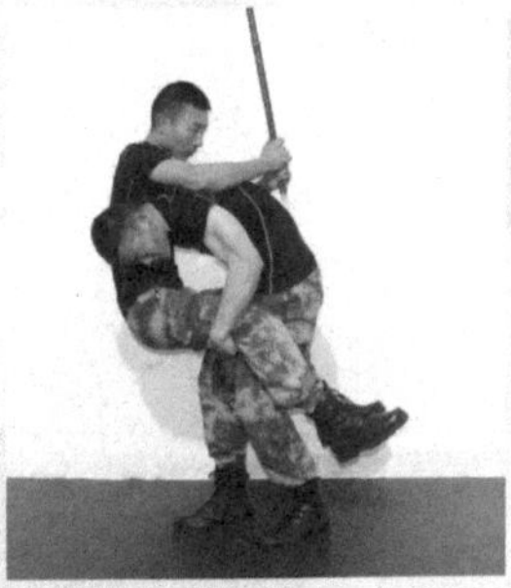

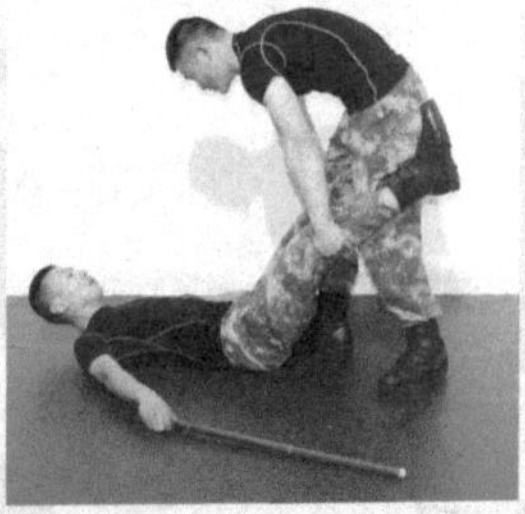
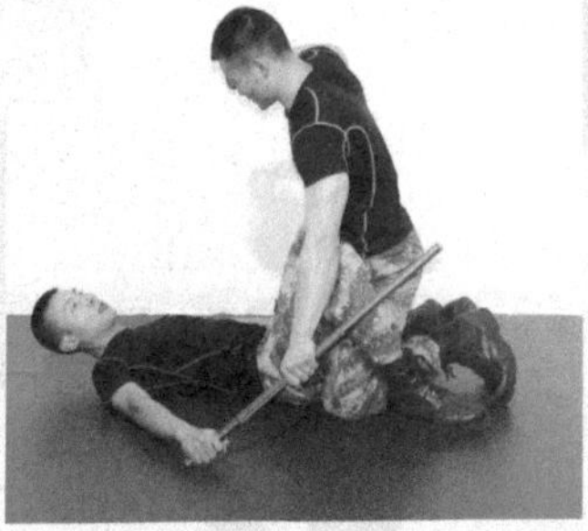
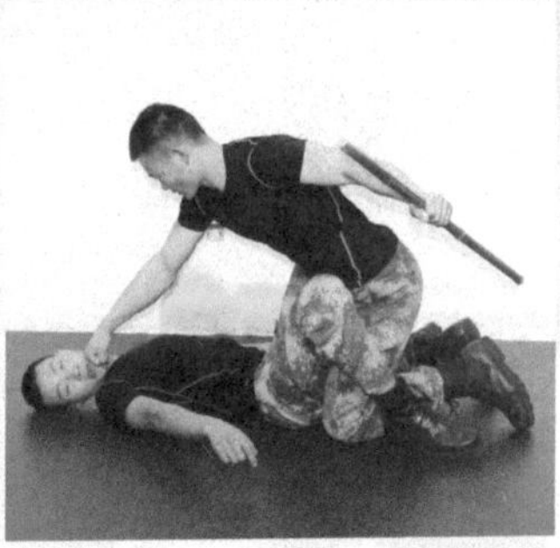

背躺防御，摆踢蹬头

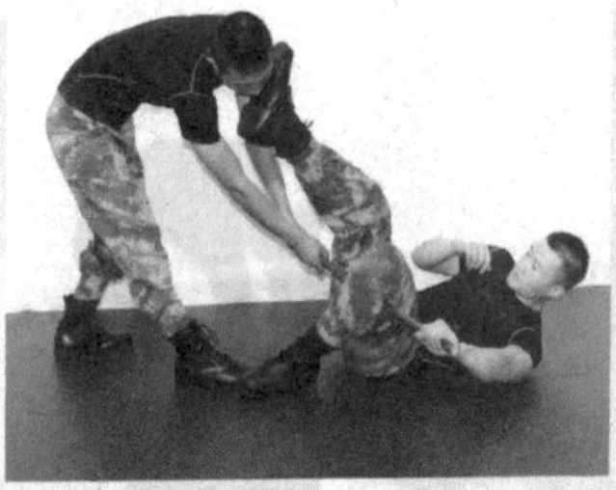

三、手枪

（一）手枪握持方法

1 单手持枪

2 双手持枪

（二）手枪进攻方法

1 手枪的打击力点

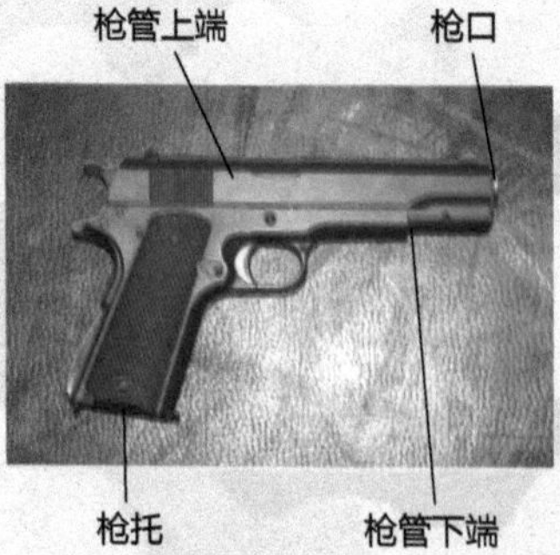

2 手枪打击的方法

抡扫

砸击

劈砸

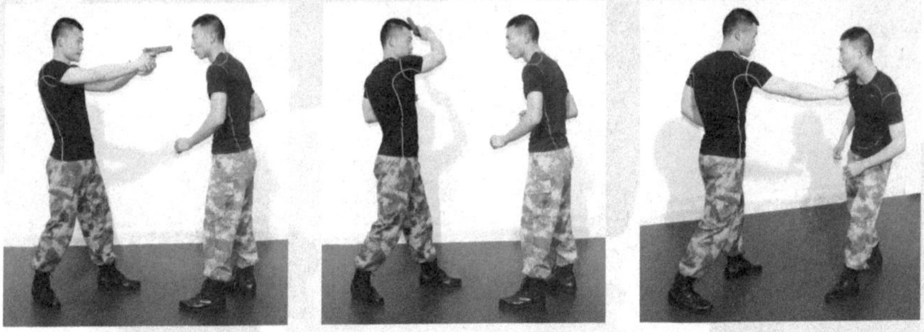

撩挂

戳击

3 抵御被抢夺手枪与据枪的基本方法

推面蹬踢

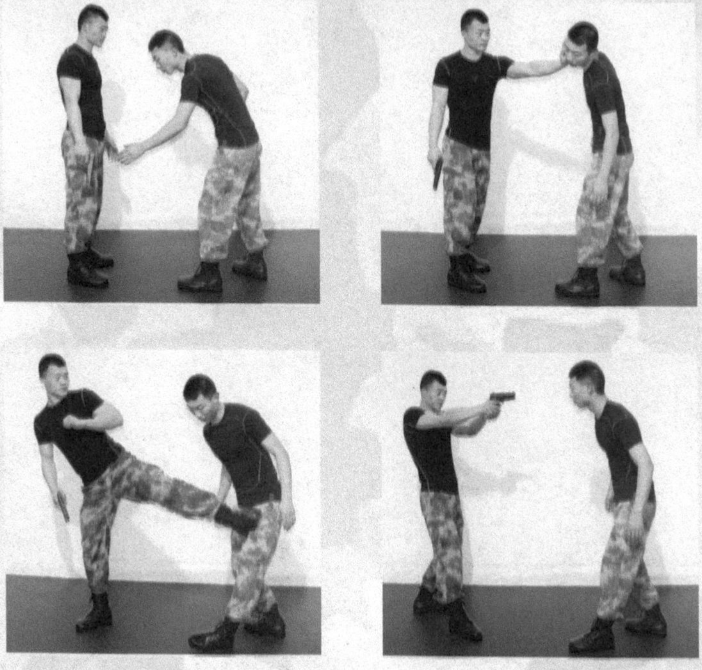

旋腕弹裆

折指击面

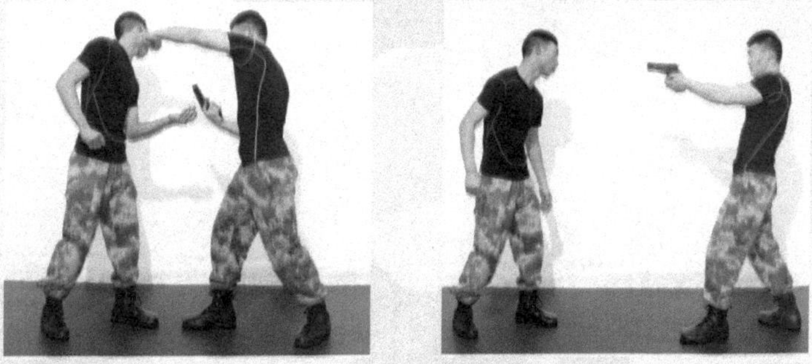

磕指踹膝

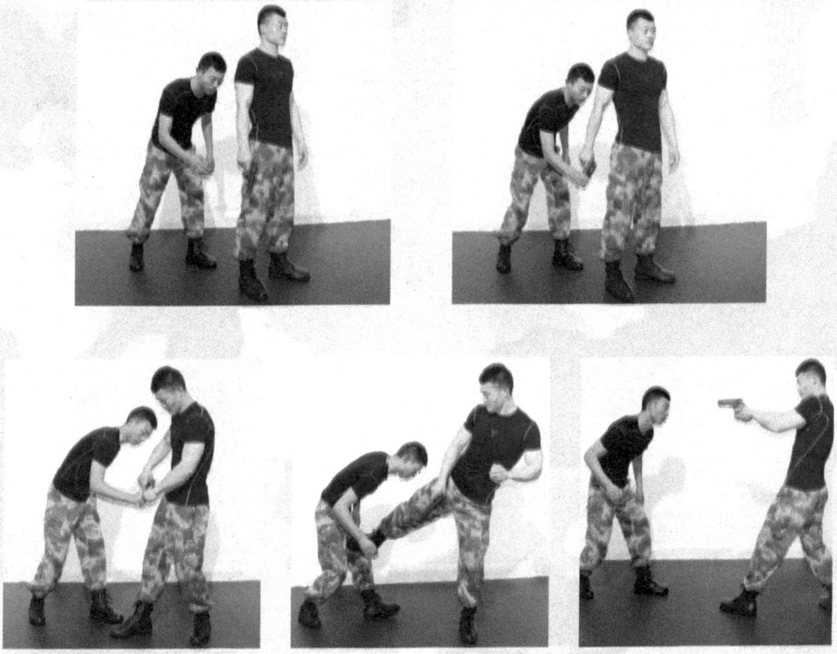

格臂砍扫

扫肘踢裆

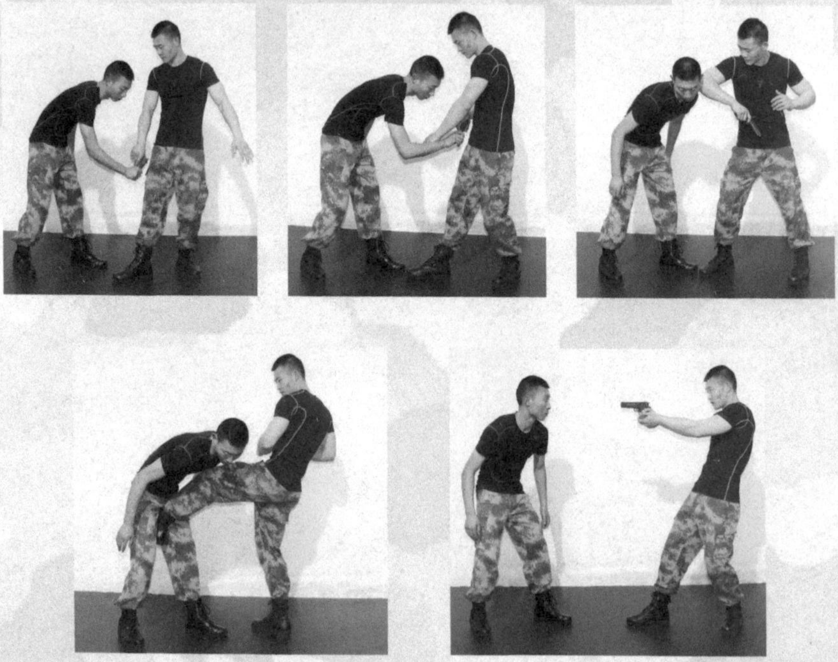

抱折顶裆

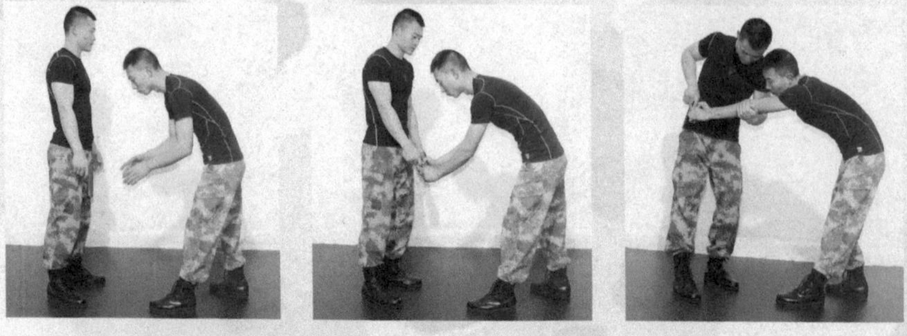

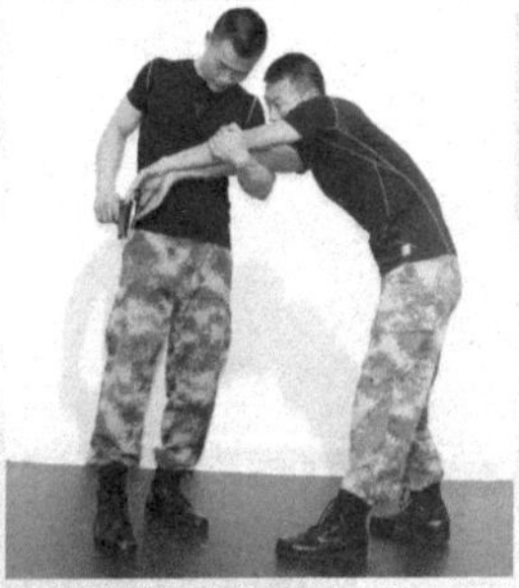

撅指弹裆

压肘掰拧

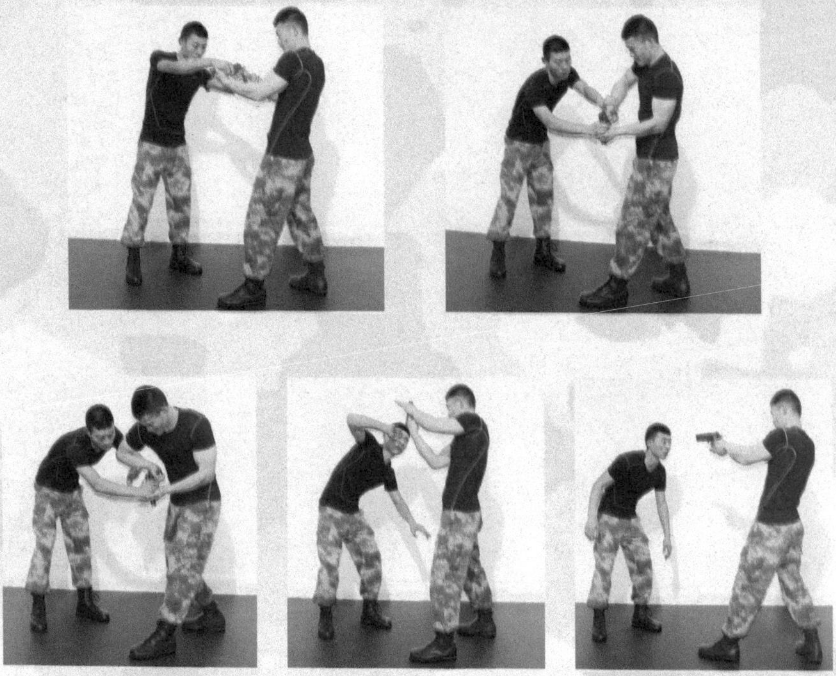

背靠撩裆

（三）徒手抵御手枪威胁的防守反击方法

1 遏止敌人掏枪

直击撞腹，掰腕踹膝

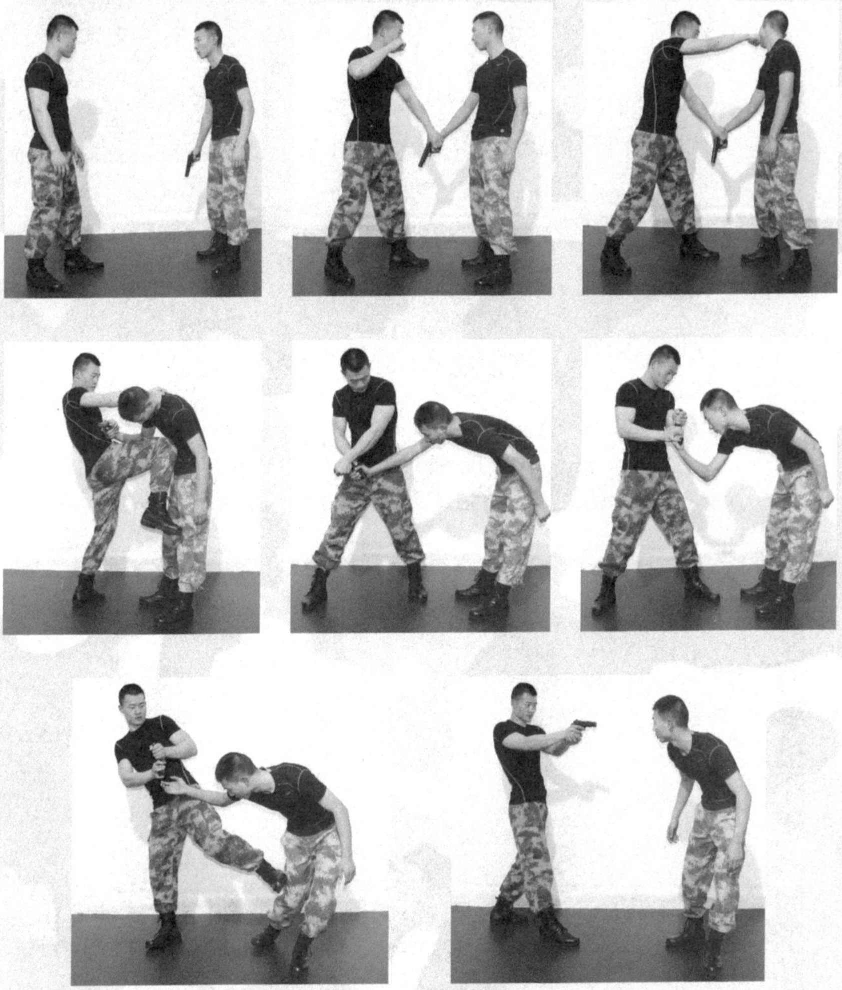

顶腹别臂，拖摔掰腕

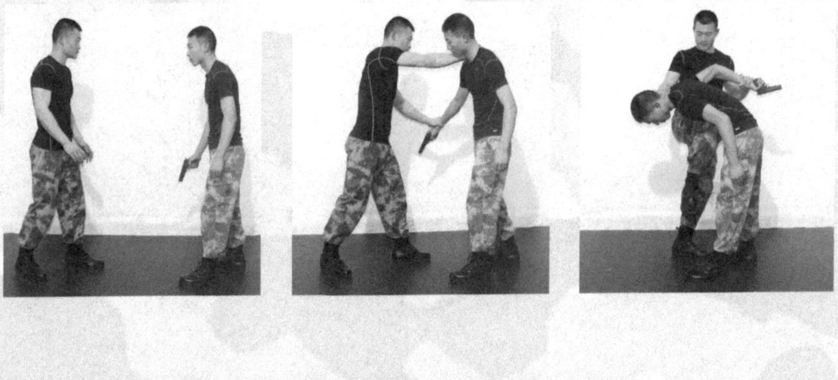

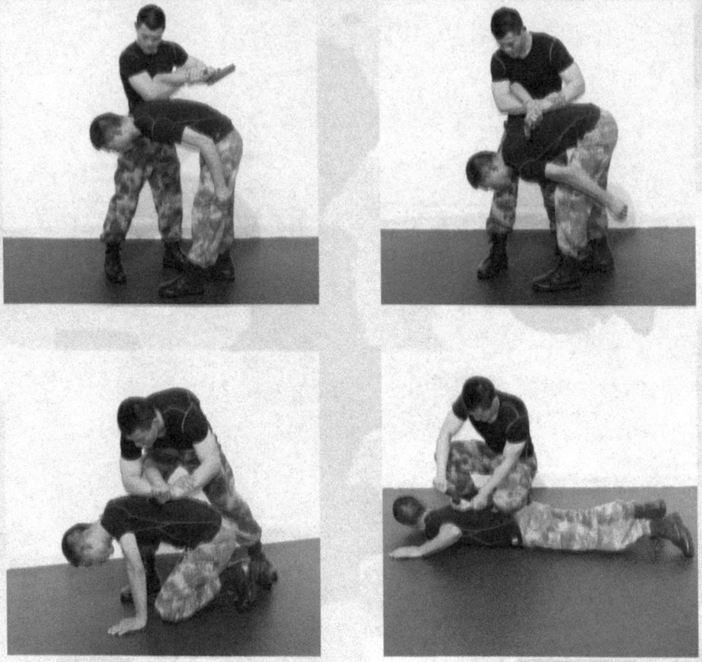

2 抵御手枪正面威胁的防守反击方法

旋掰击颌

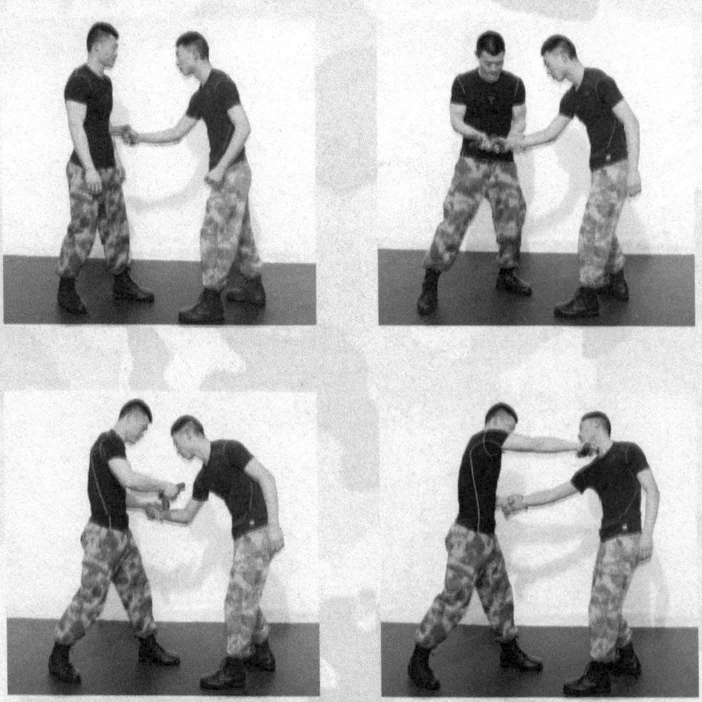

擒腕撇指

托抓压撅

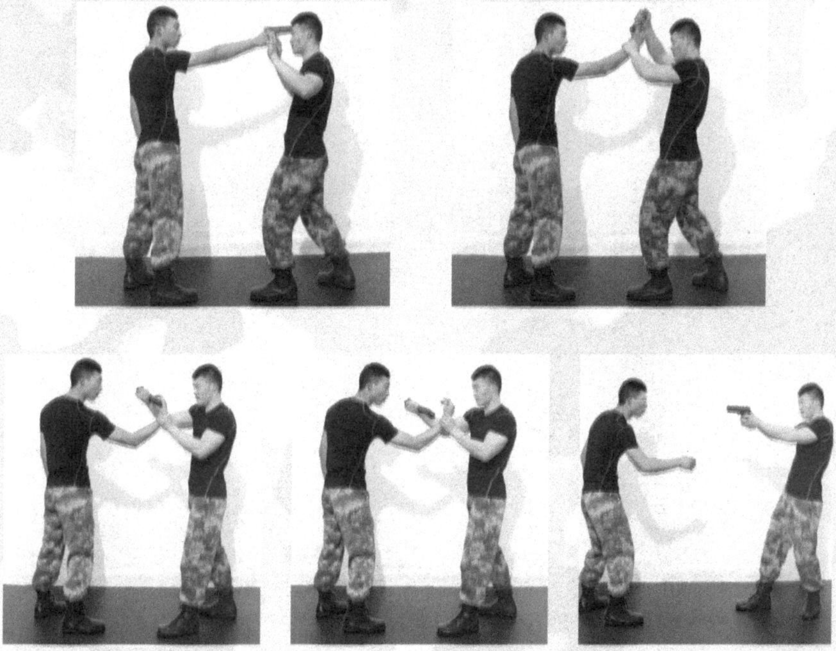

推腕翻拧

压折撬指

击面反拧

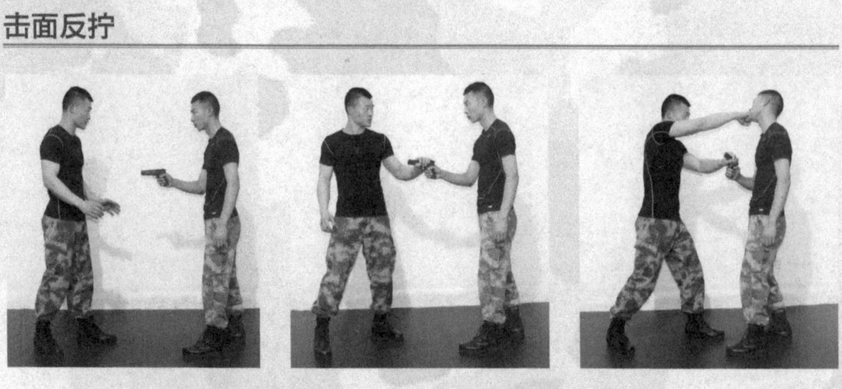

弹裆撅指

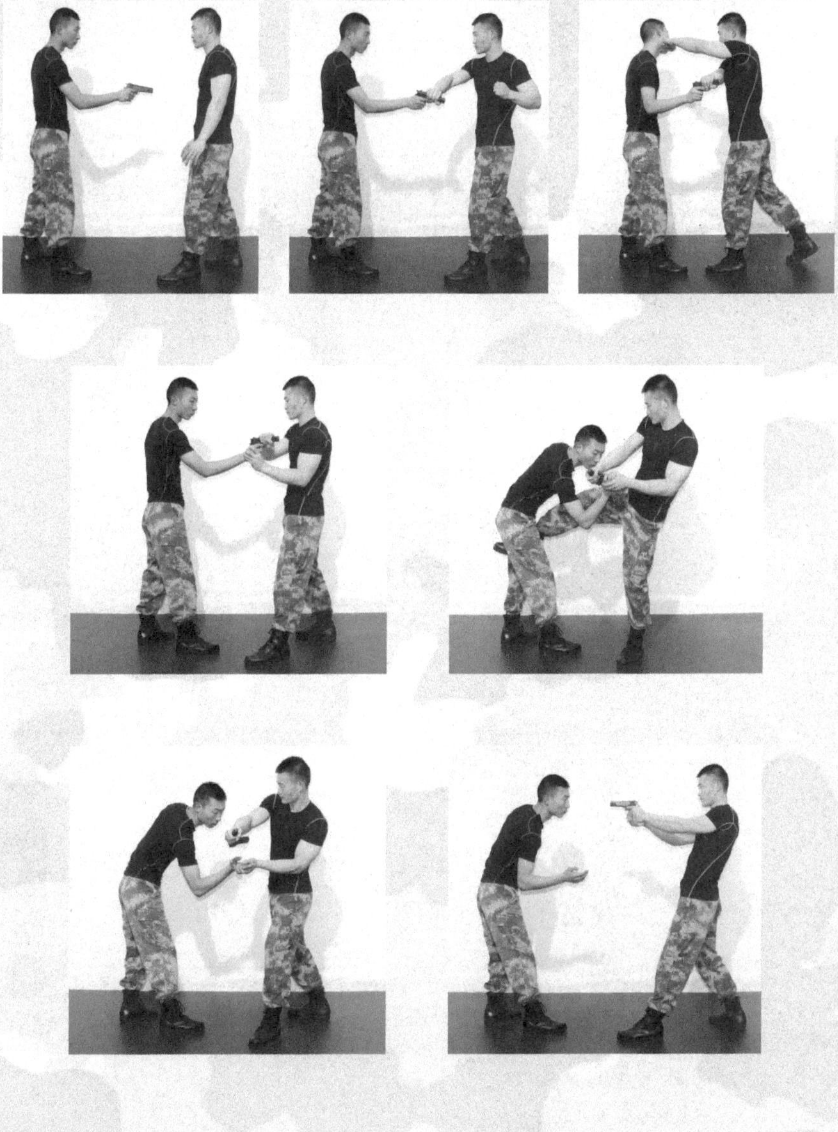

击摔拧踩

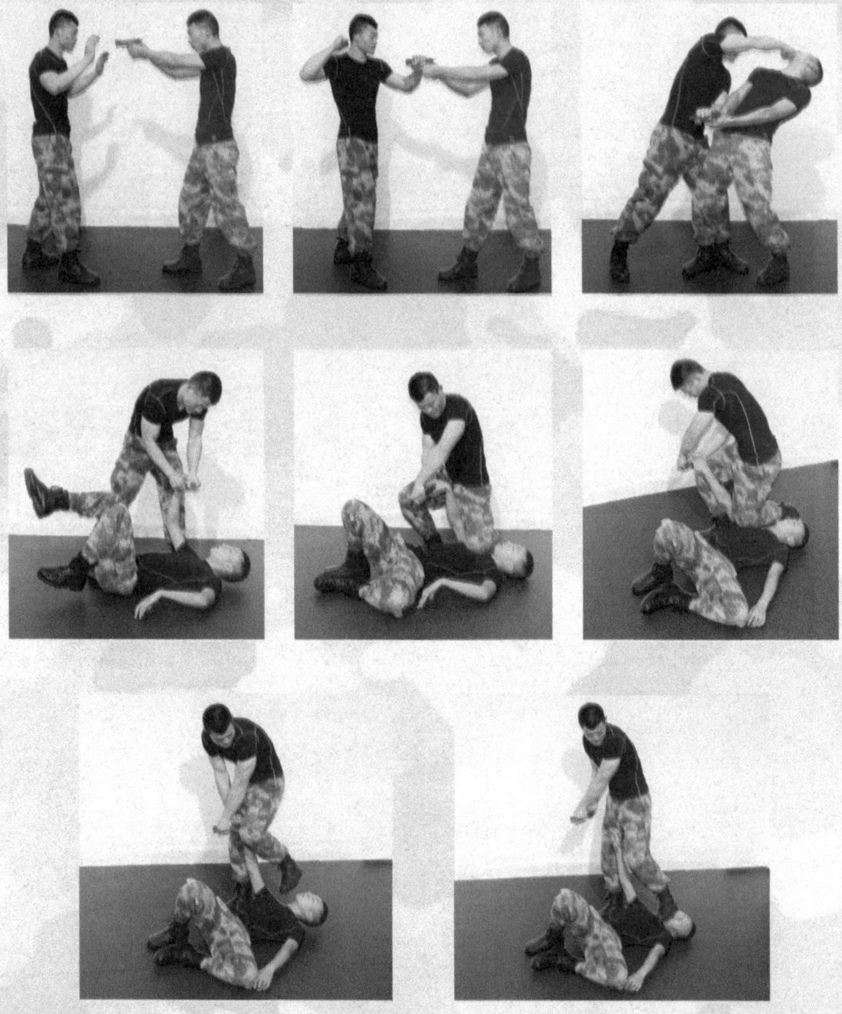

踢裆扳折

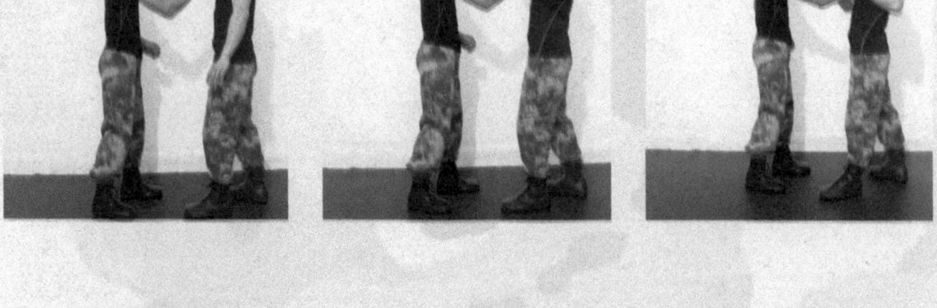

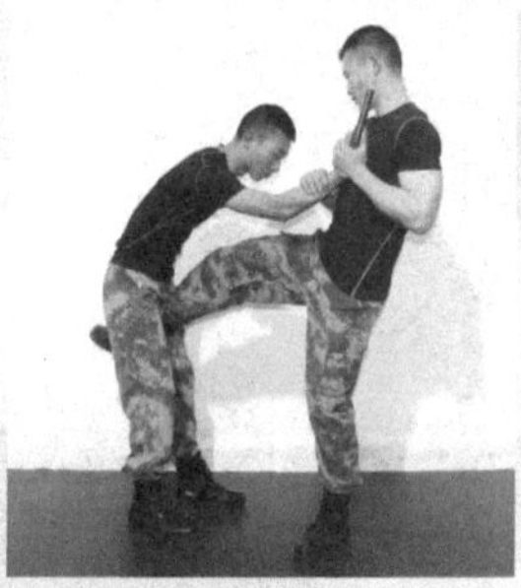
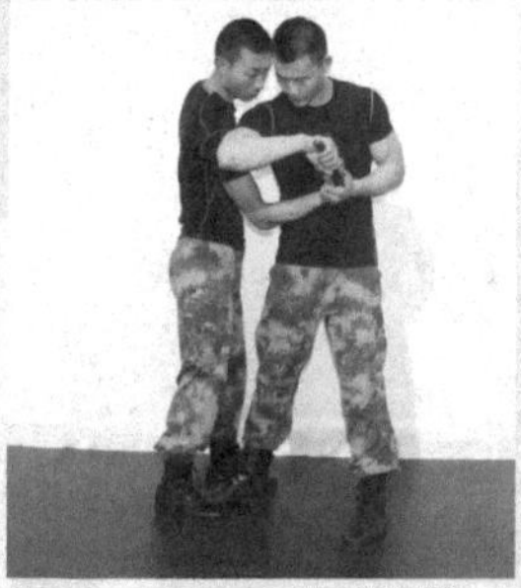
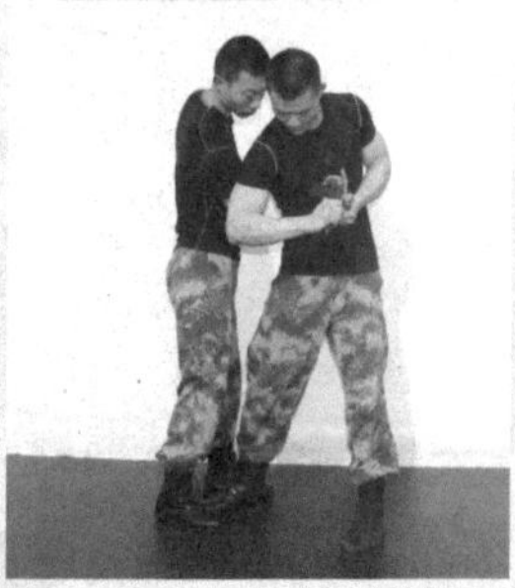

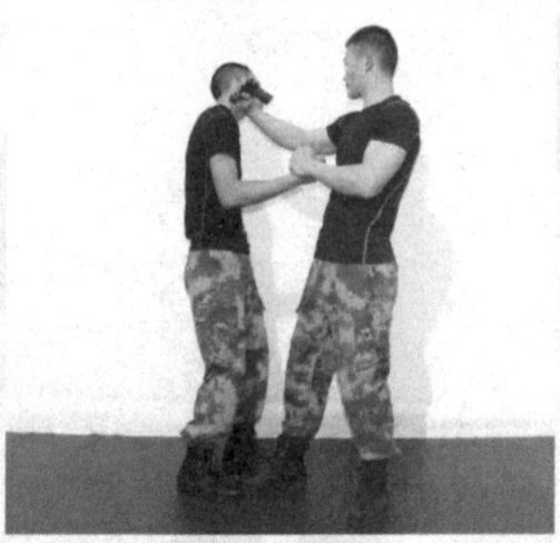
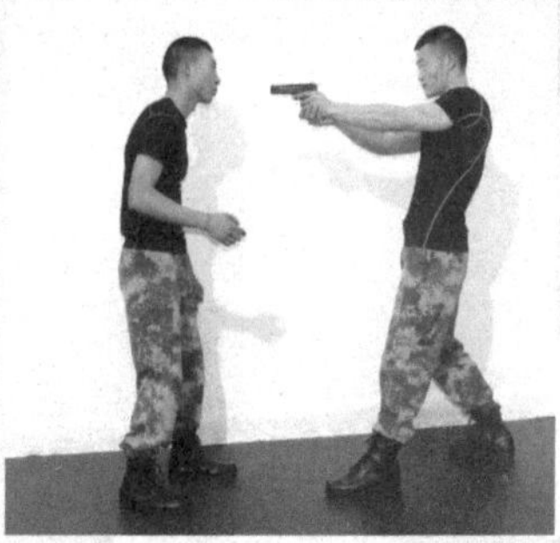

3 抵御手枪背后威胁的防守反击方法

击面旋腕

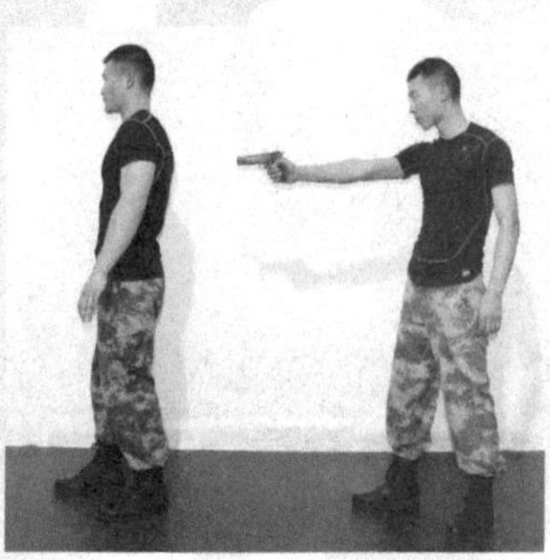
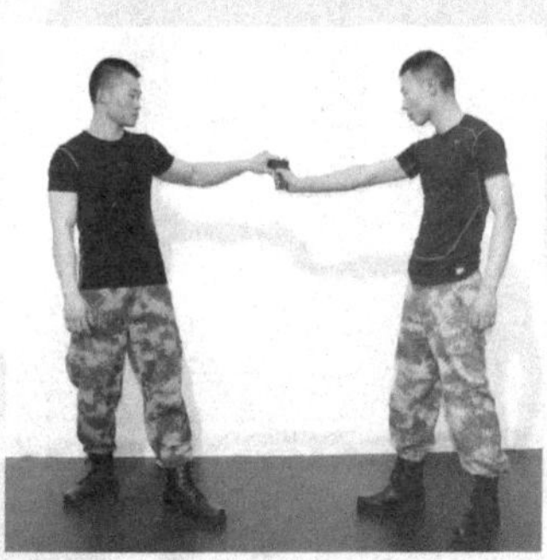

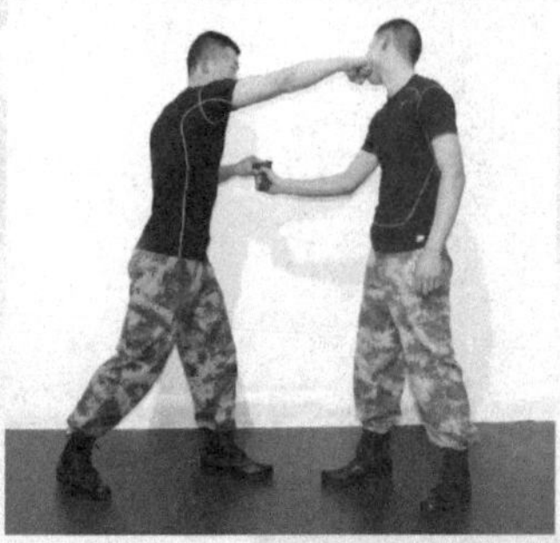
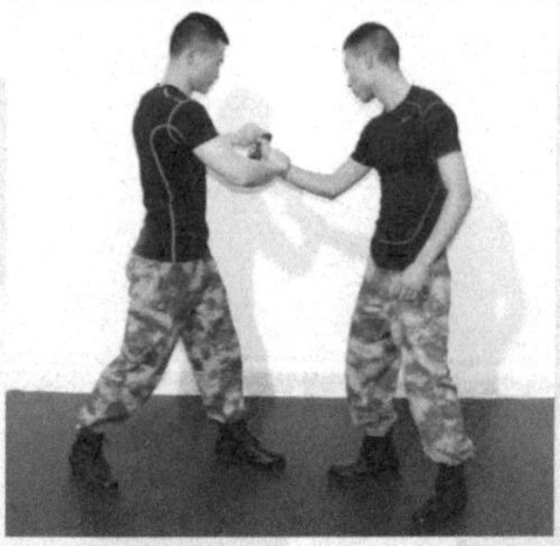

直击踢裆

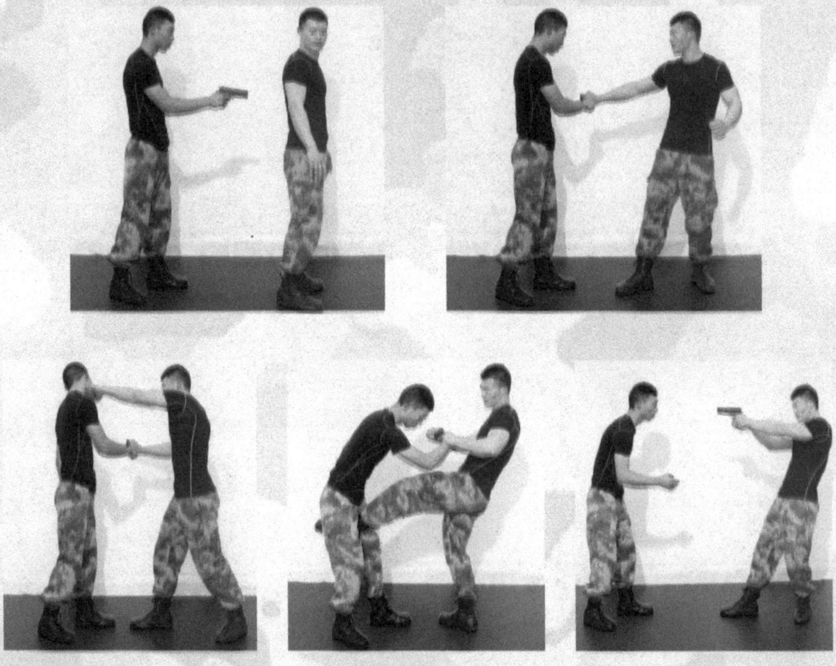

顶击抡扫

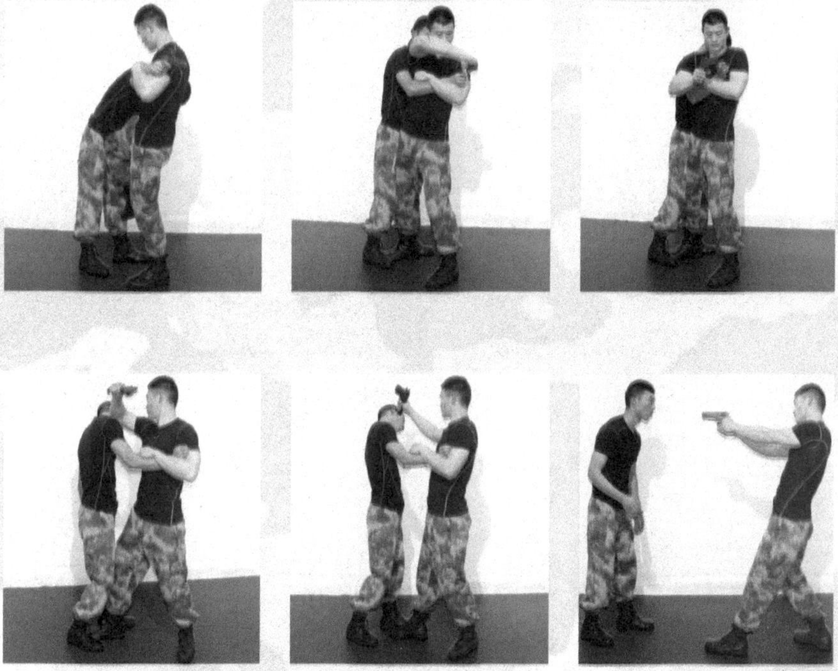

外磕翻折

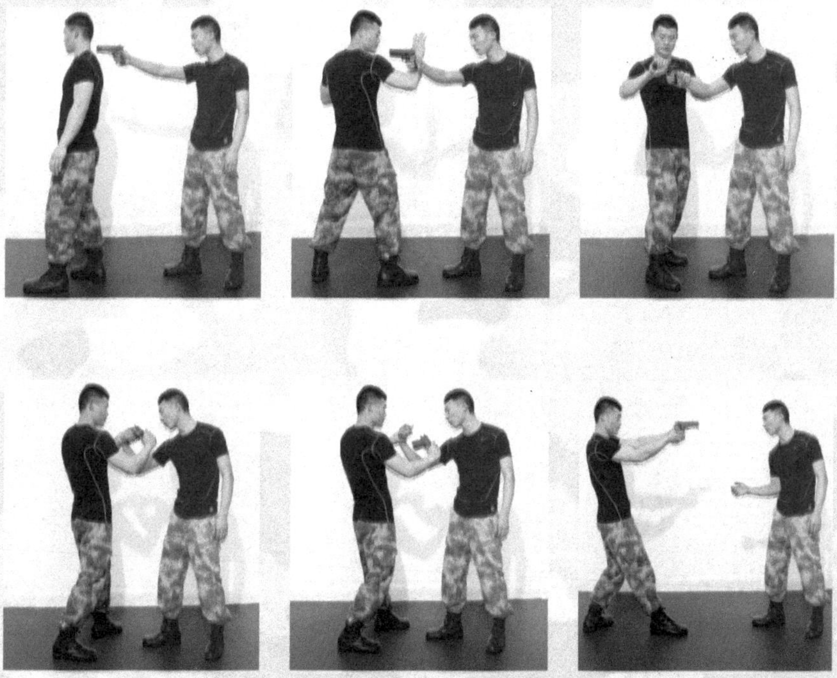

磕抓旋拧

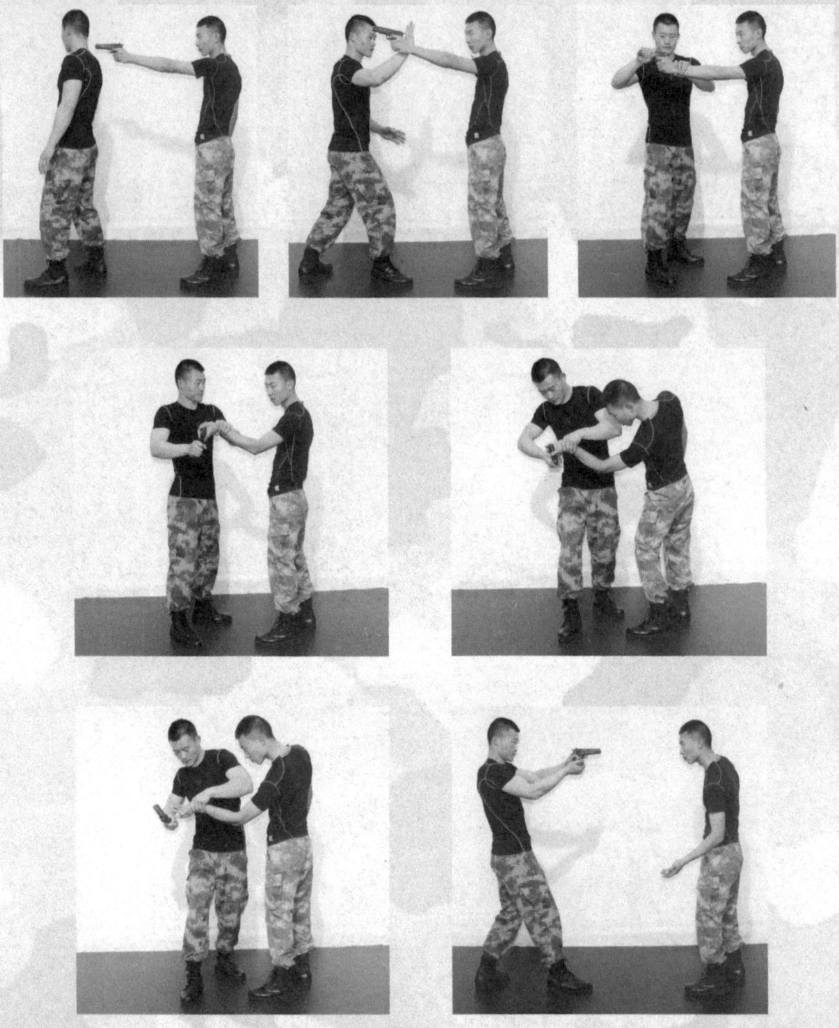

缠臂压掰

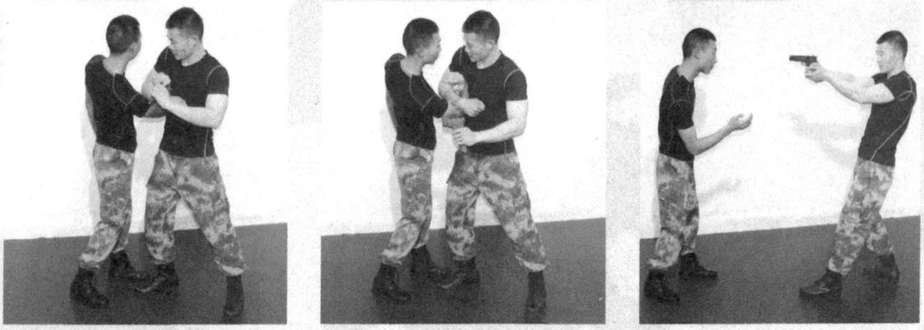

4 抵御手枪侧面威胁的防守反击方法

夹扫折抢

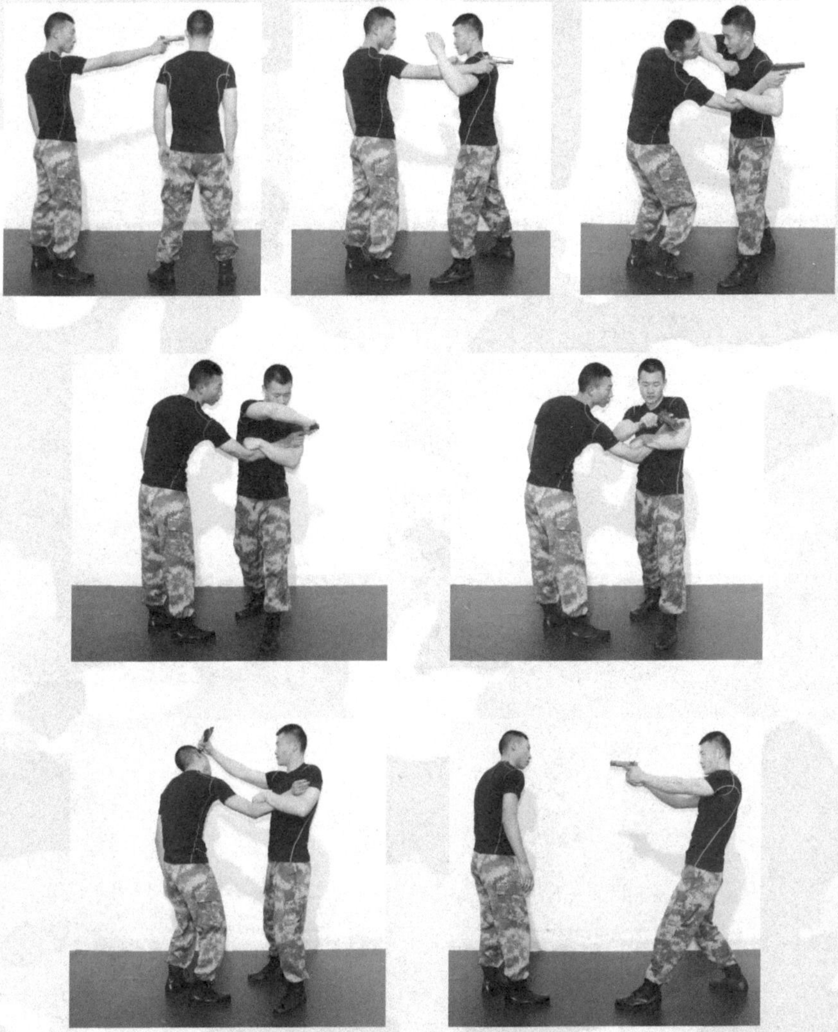

扳折顶击

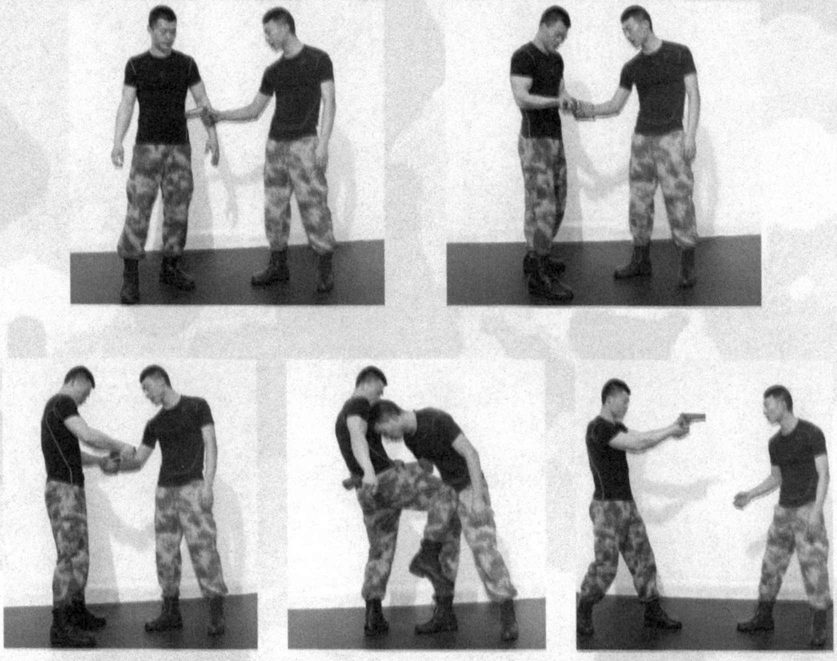

撅腕顶裆

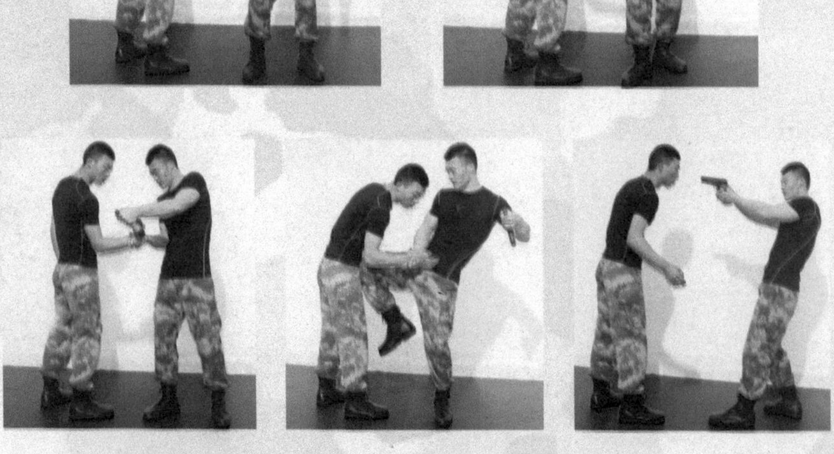

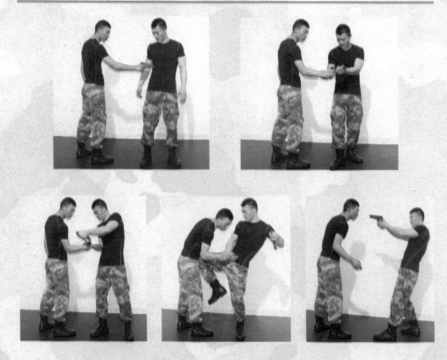

扫肘抡砸

直击旋折

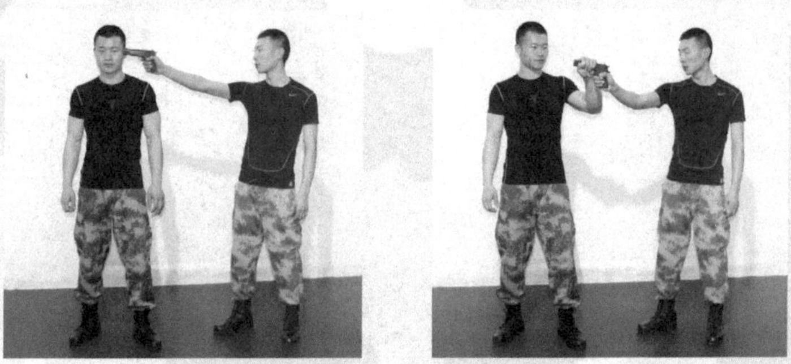

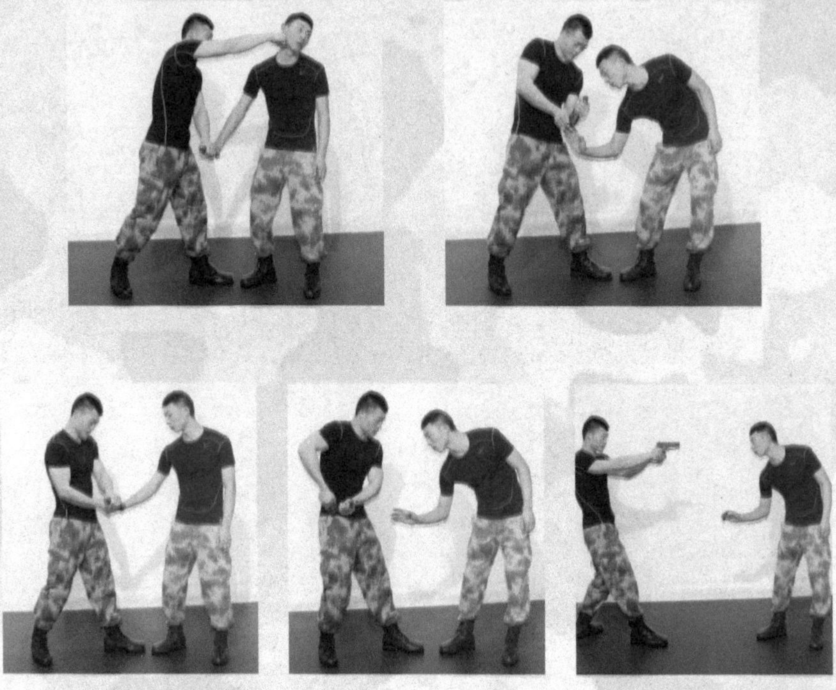

格抓反拧

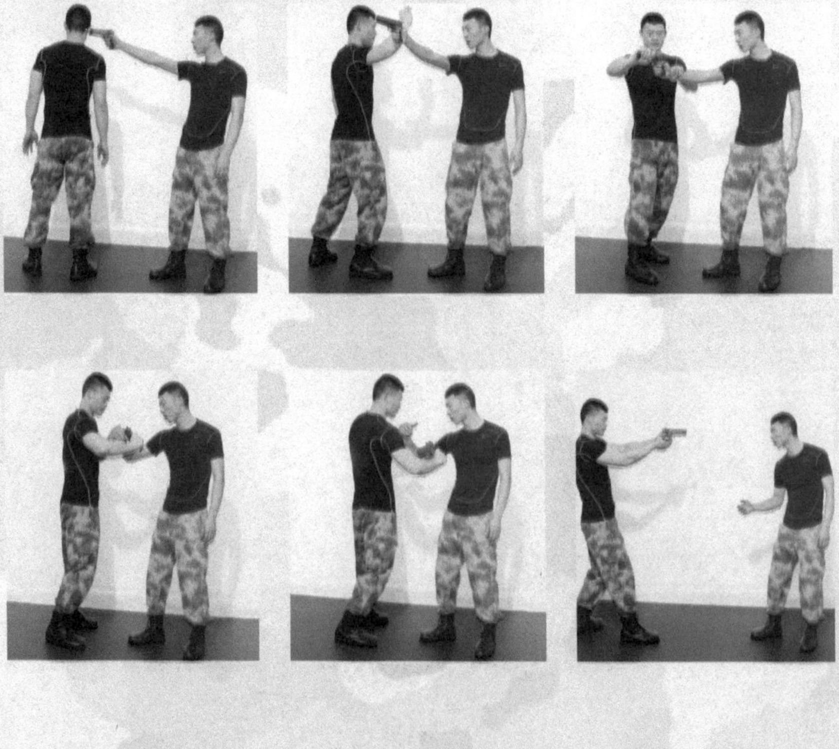

缠臂别腕

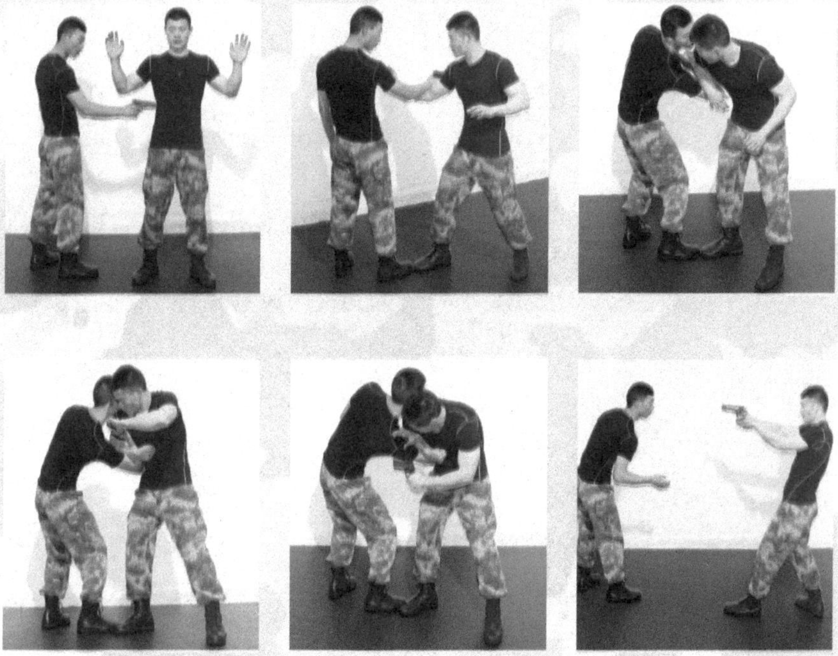

磕拨扳撬

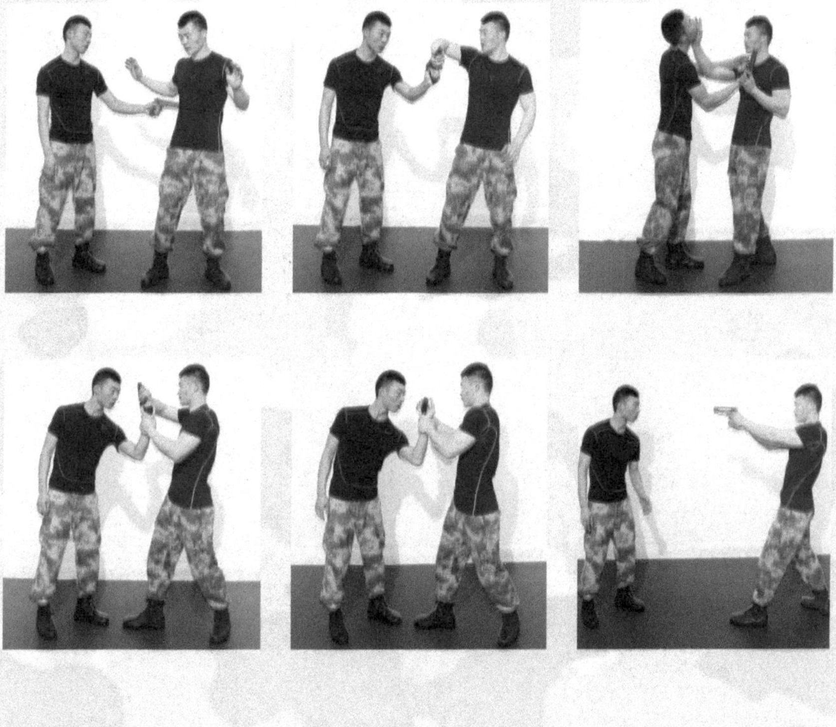

格抓反拧

格抓顺拧

5 抵御手枪抓扯推搡胸部威胁的防守反击方法

抠眼扳折

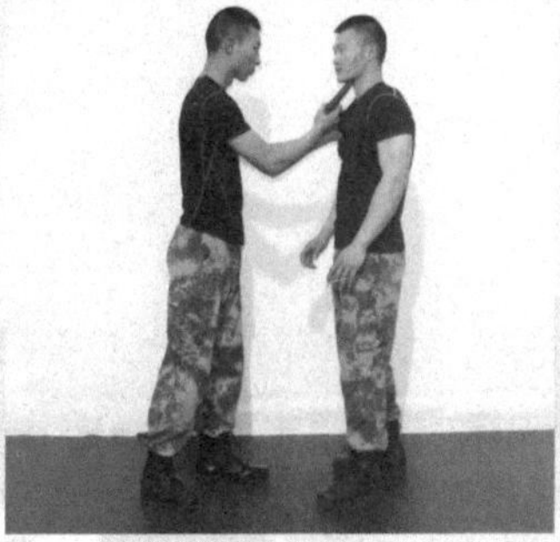
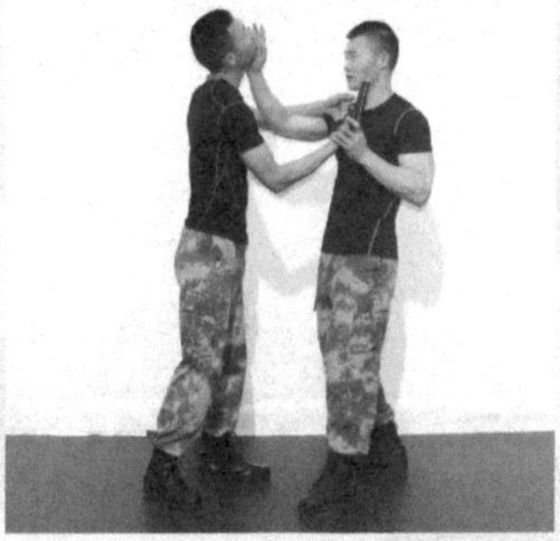
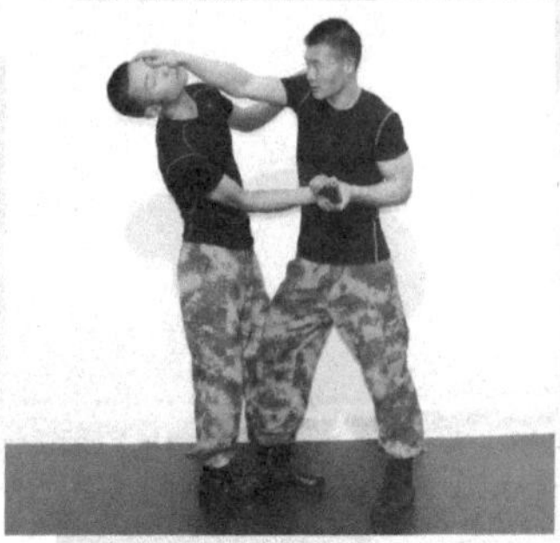
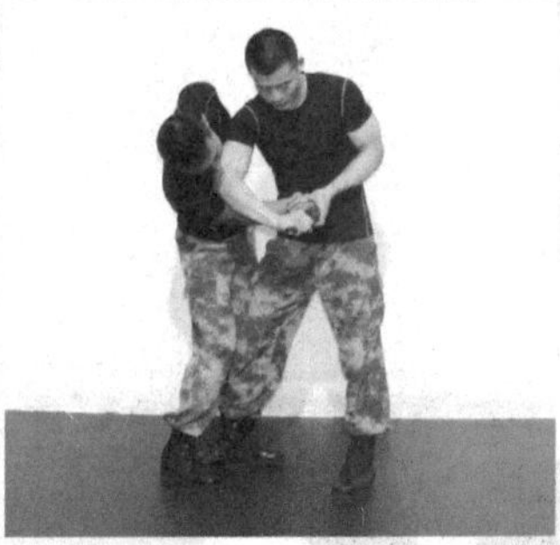
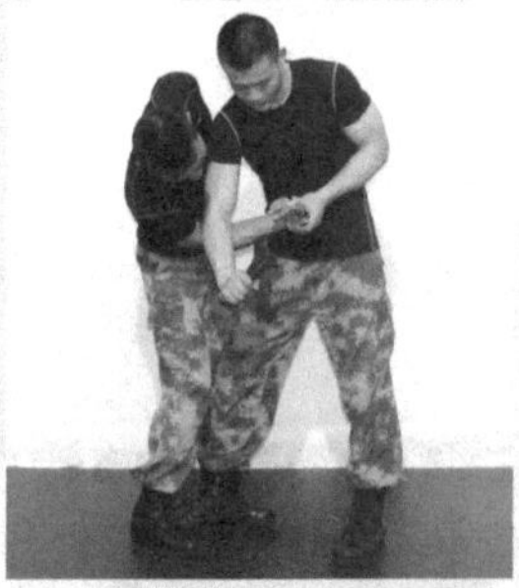
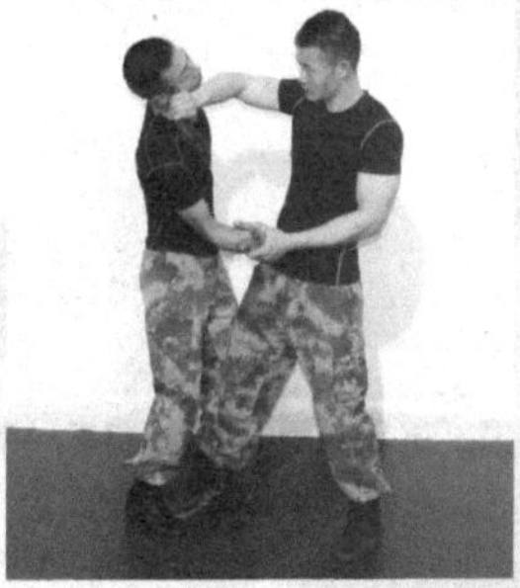
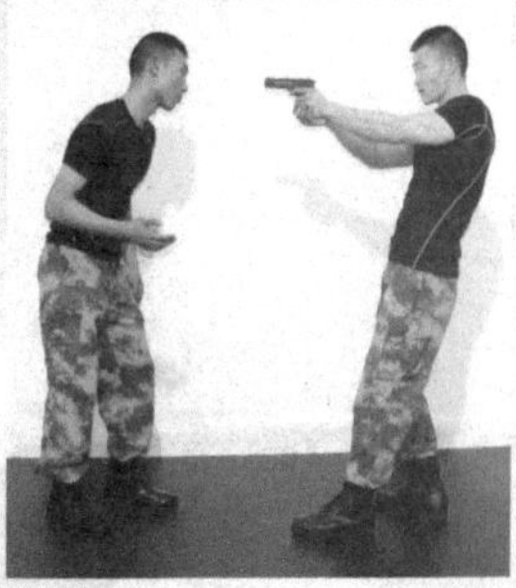

直击反拧

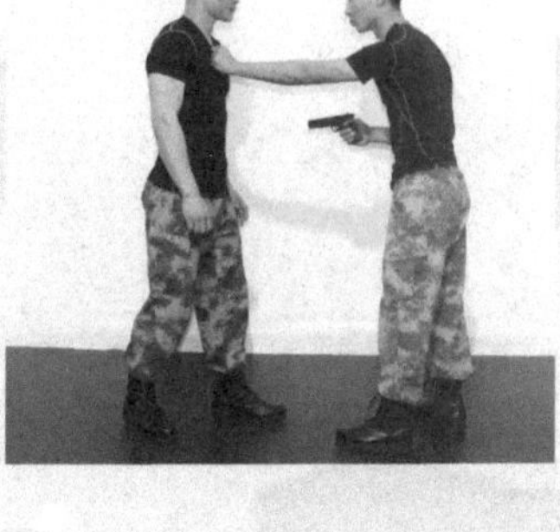
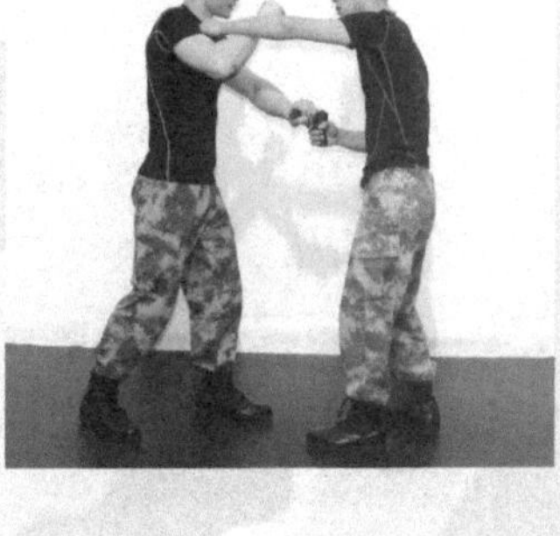

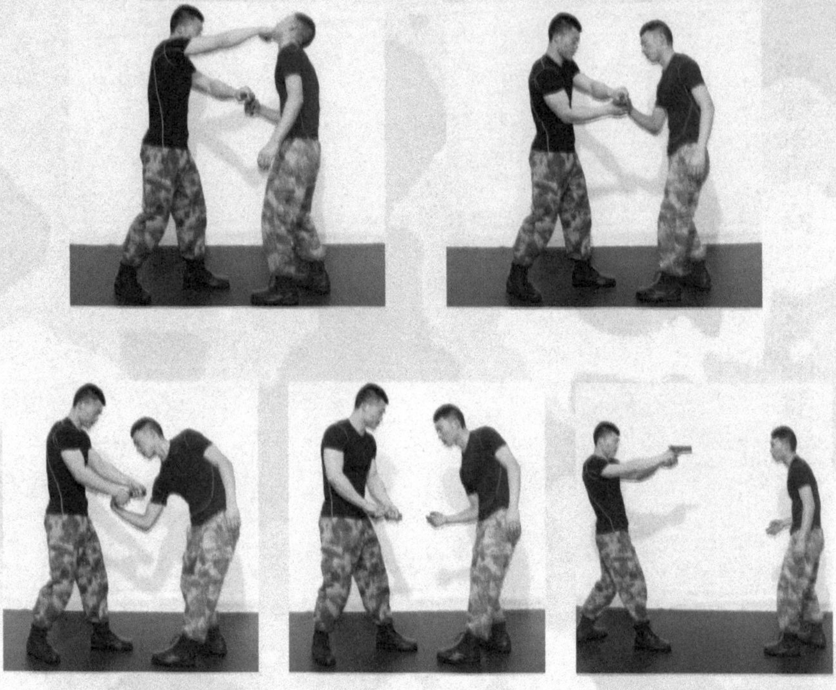

旋拧踢裆

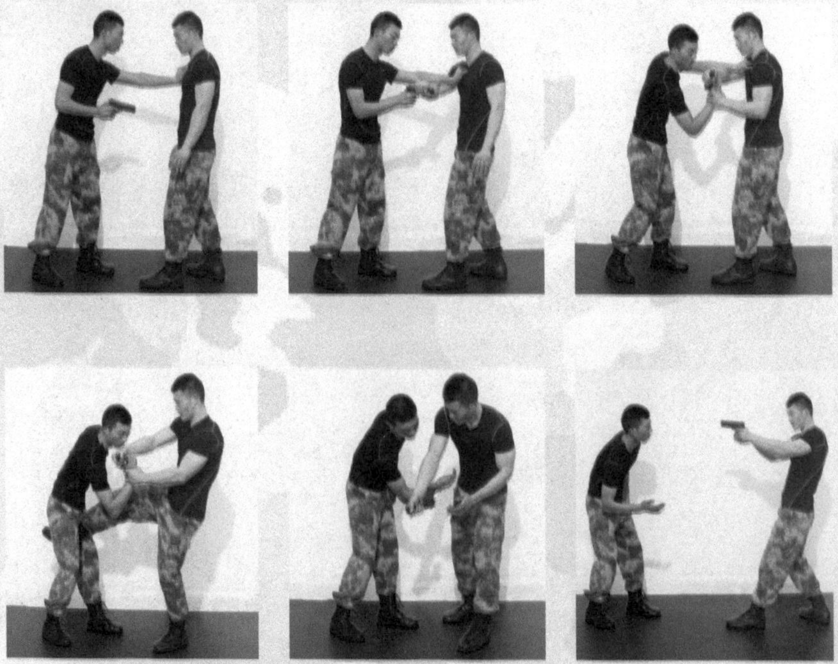

架握压折

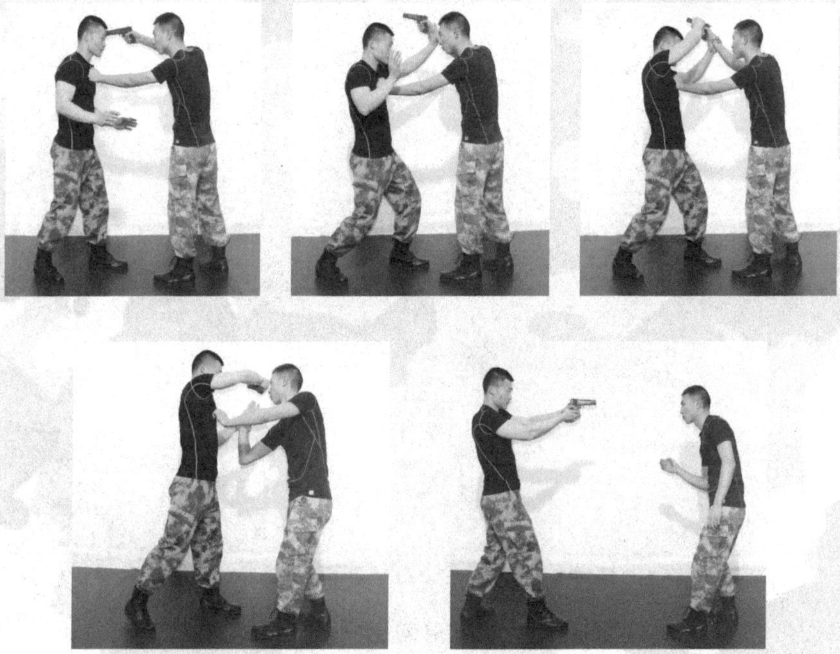

格缠旋拧

推潜撩摔

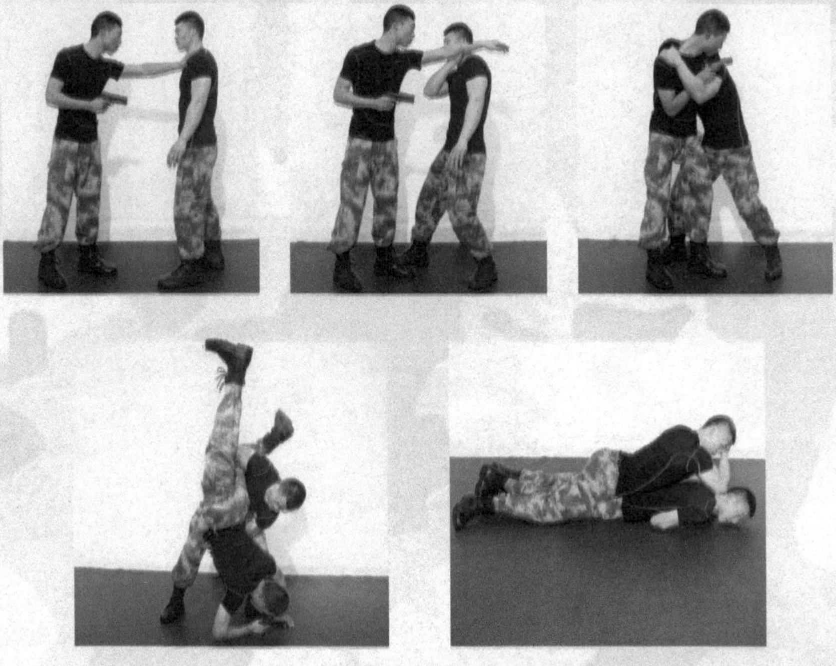

压肘踢头

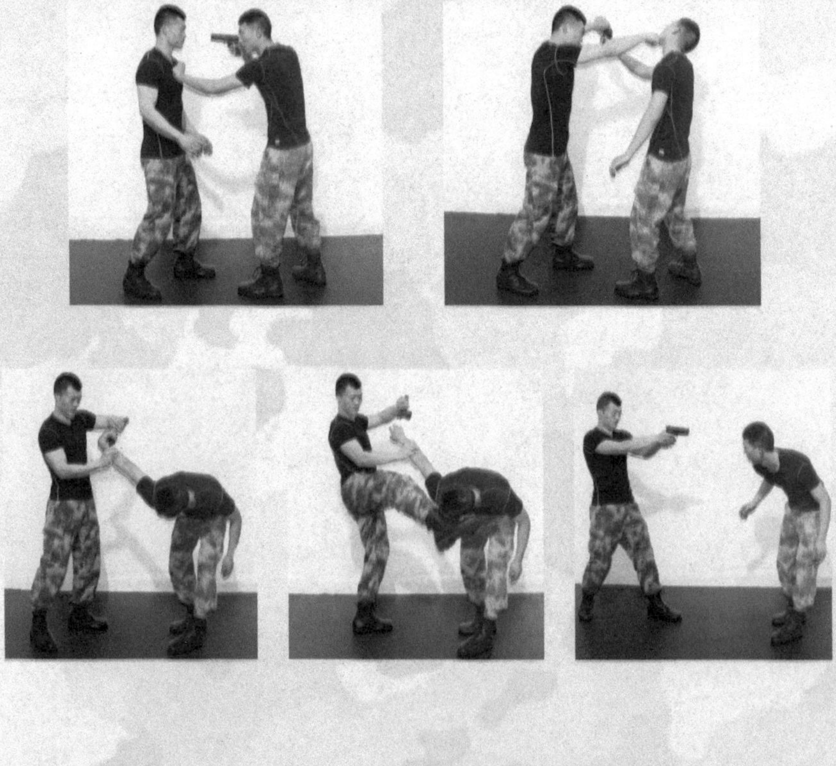

扳摔刺击

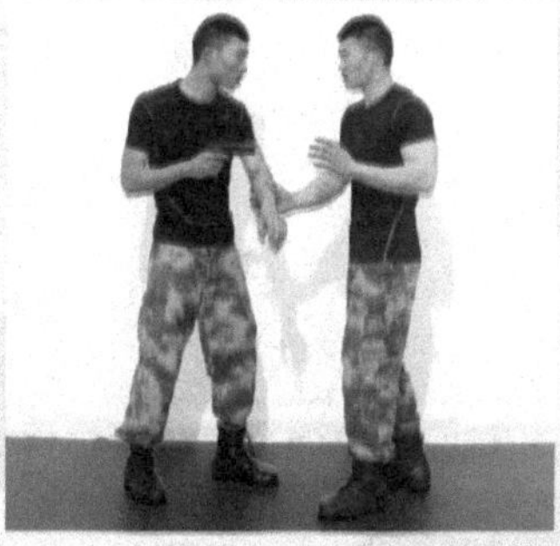

6 抵御手枪抓扯发髻威胁的防守反击方法

撅腕弹踢

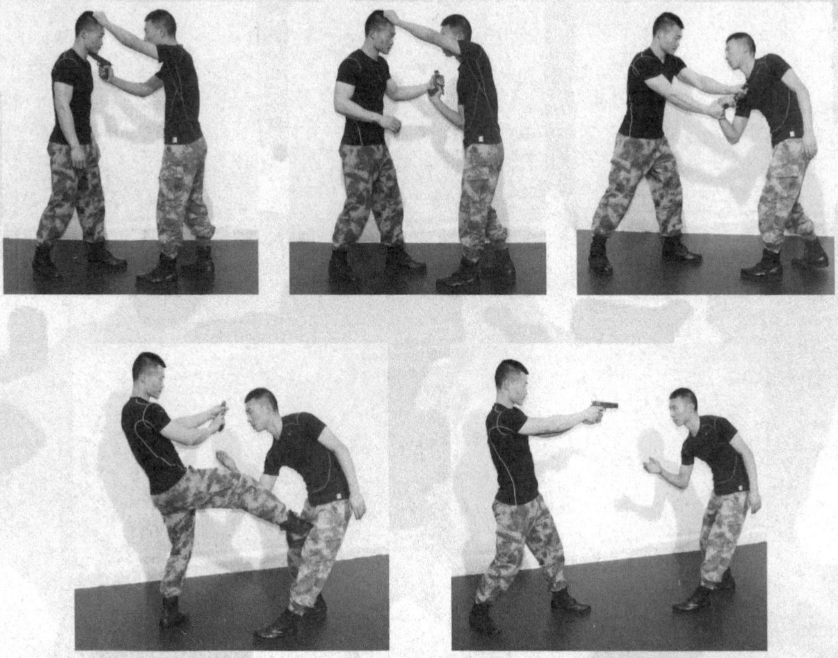

踢裆旋撬

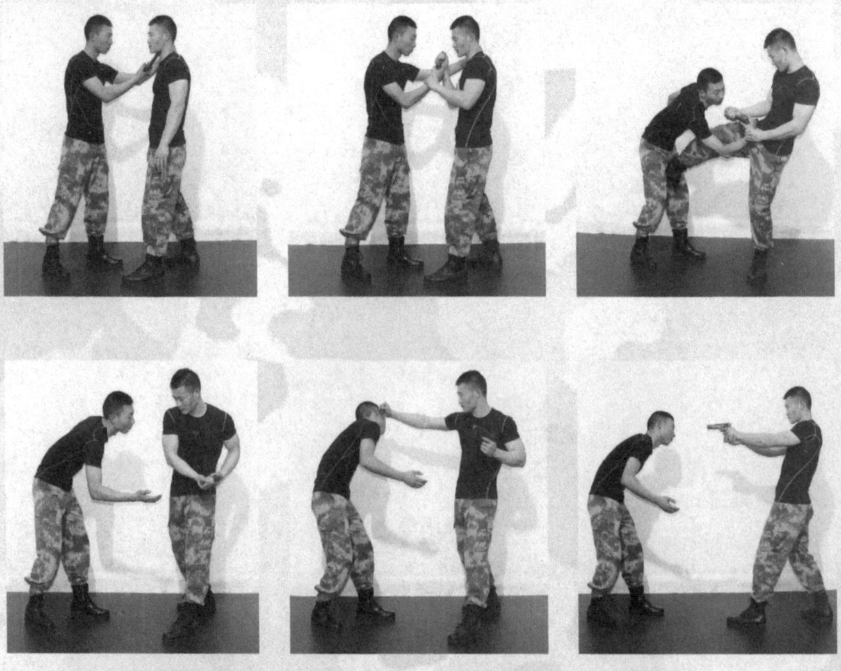

7 抵御手枪背后抓扯或挟持威胁的防守反击方法

击面顺压

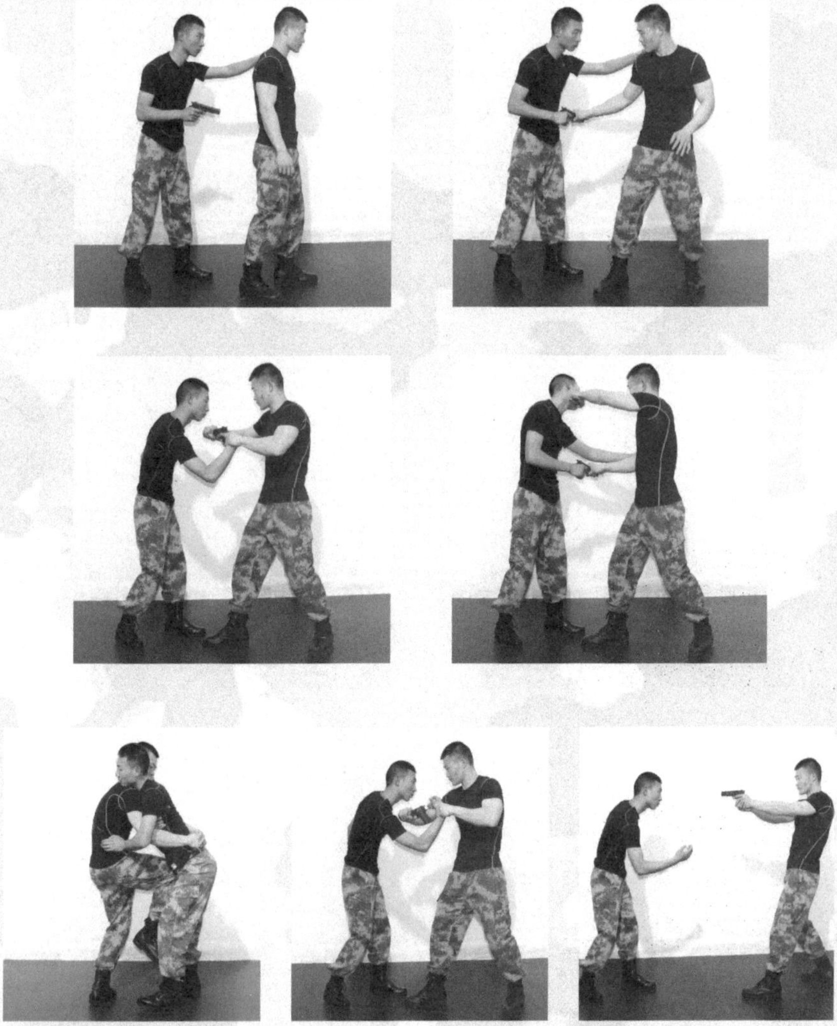

压缠抱顶

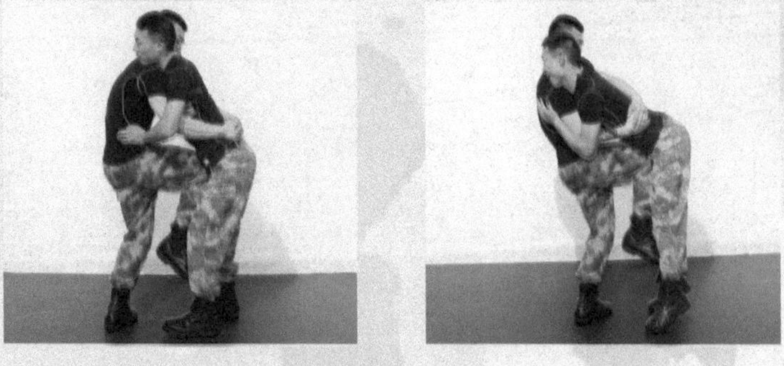

缠抱折腕

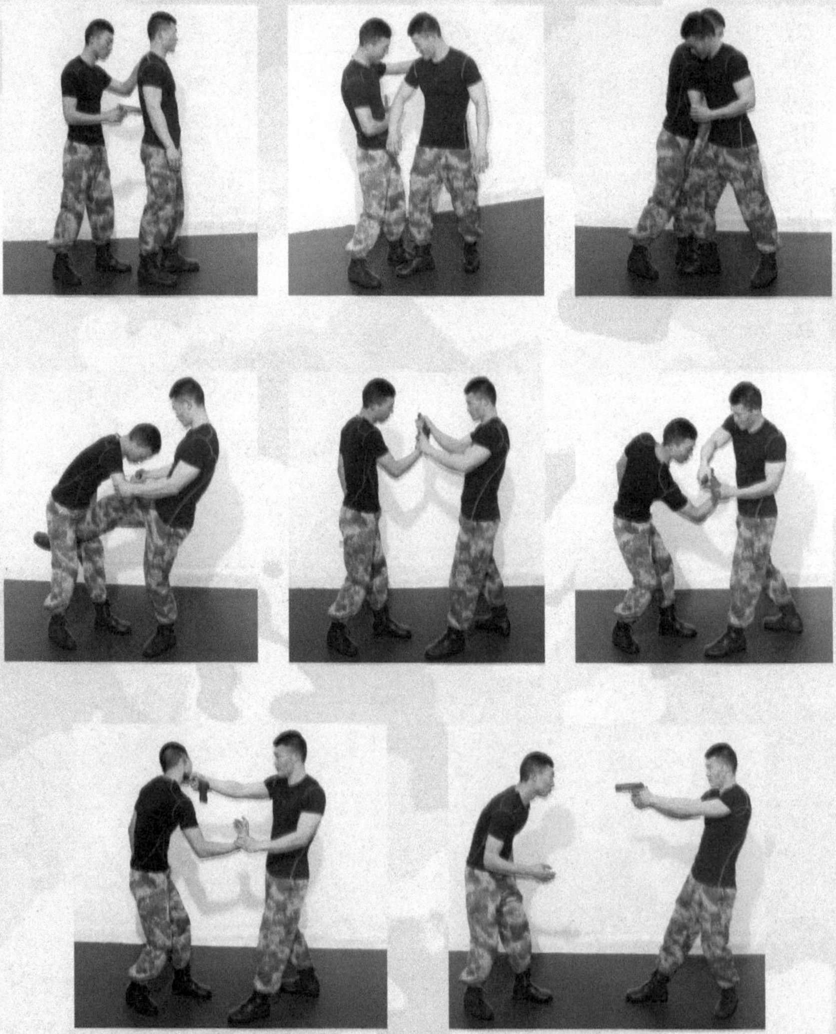

抱摔压戳

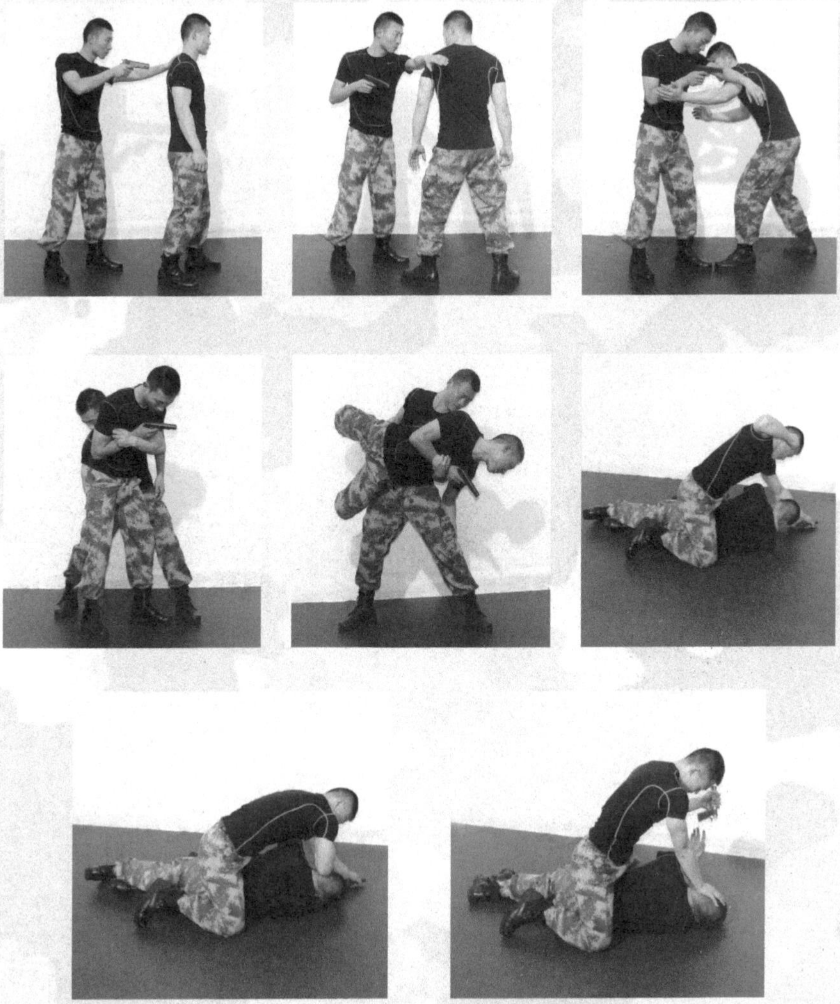

提裆撬指

抓拉顶肘

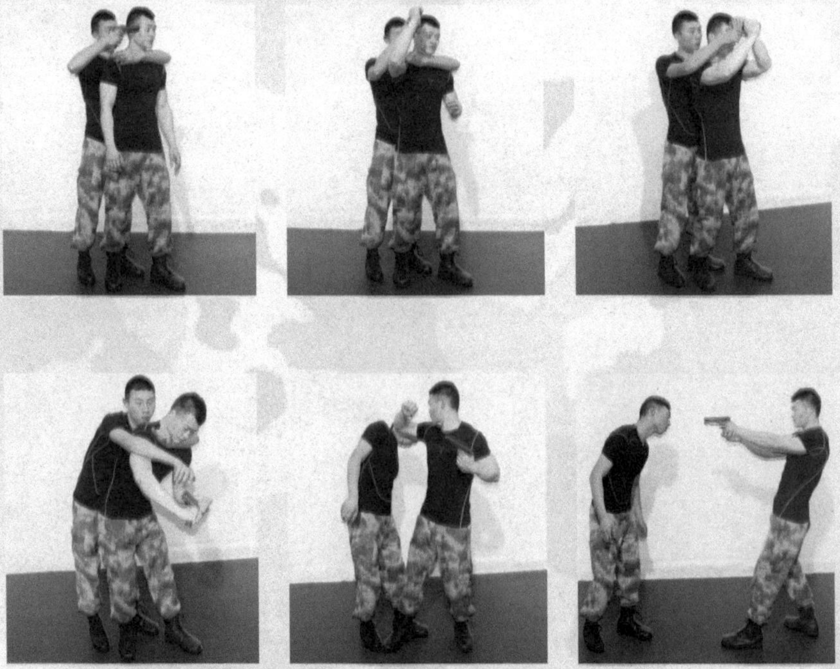

扛折踹膝

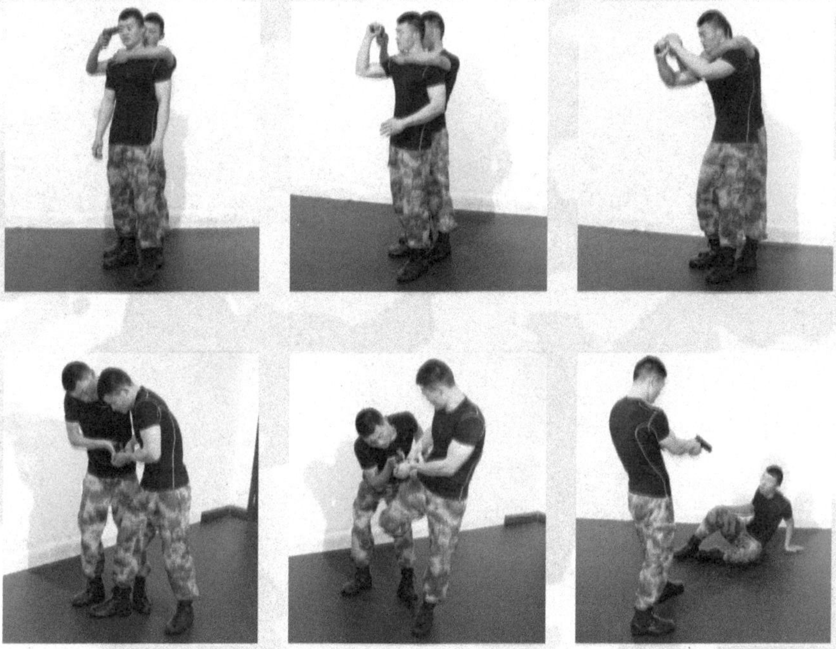

举掰挫腕

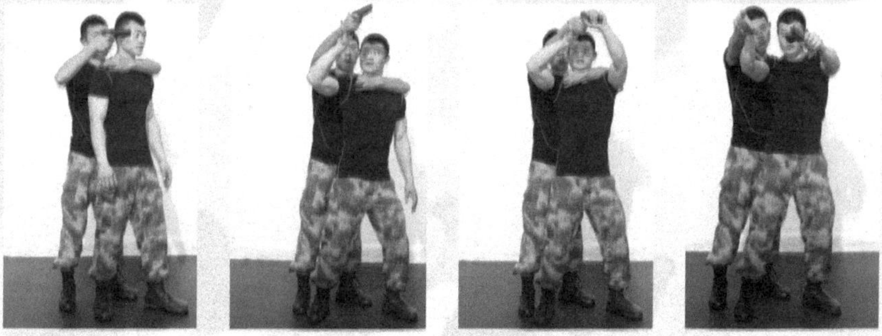

直击旋拧

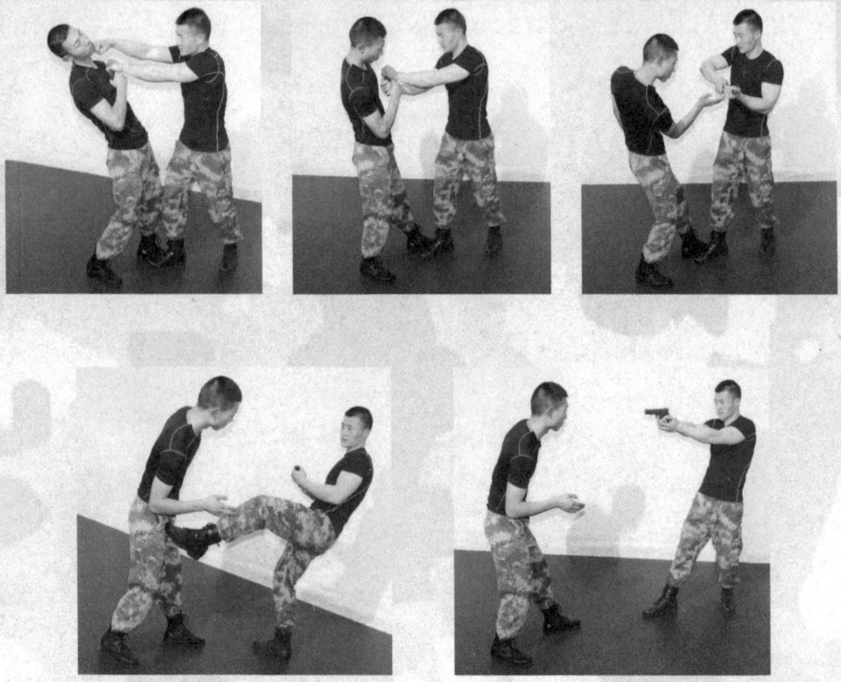

扫肘缠撅

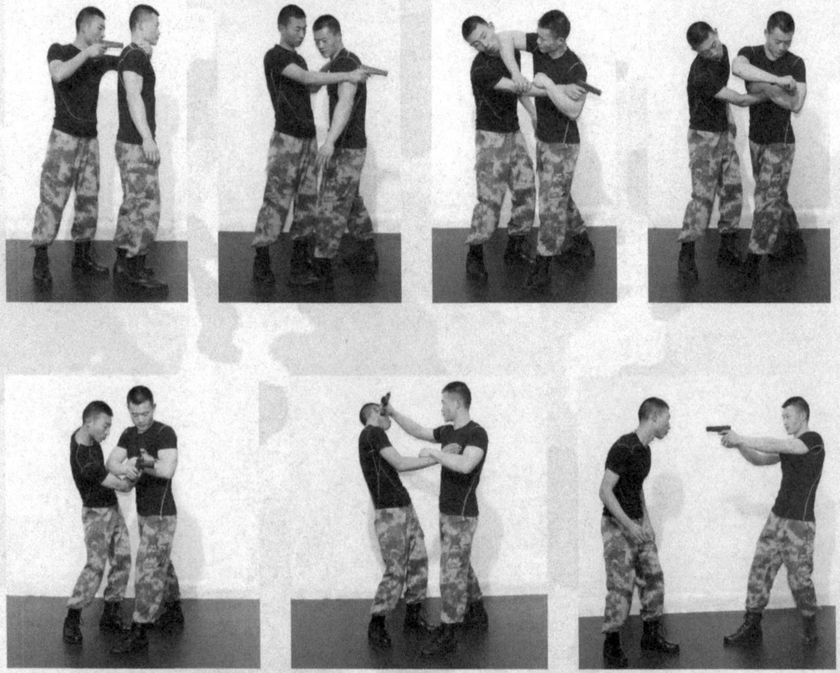

8 抵御手枪被迫触地威胁的防守反击方法

折腕踢裆

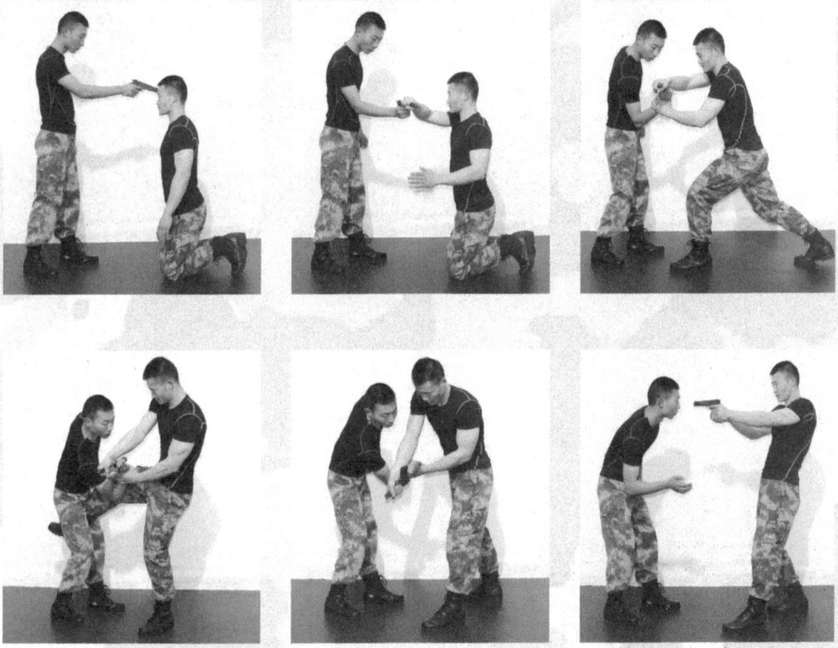

扛折抡击

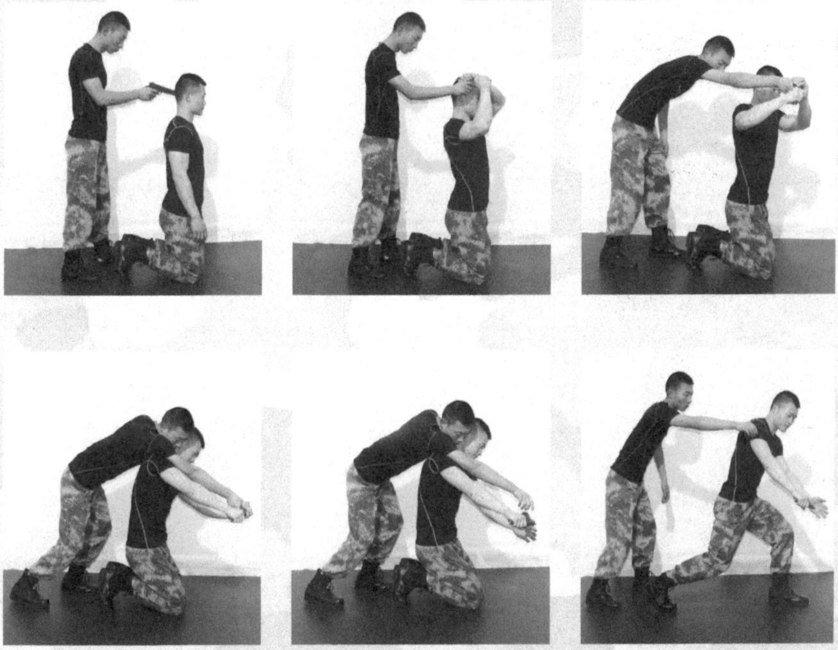

撅腕蹬裆

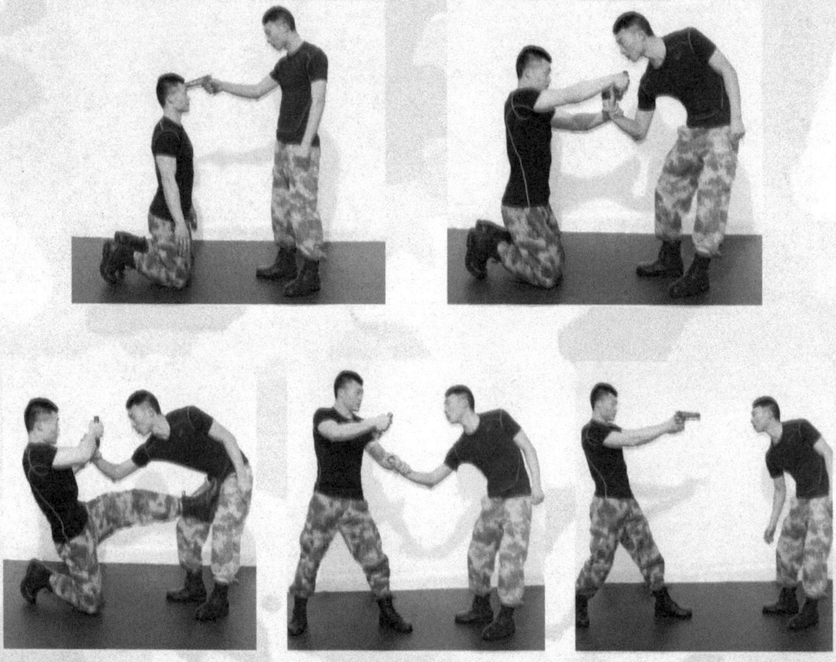

撅腕踹膝

缠臂抡砸

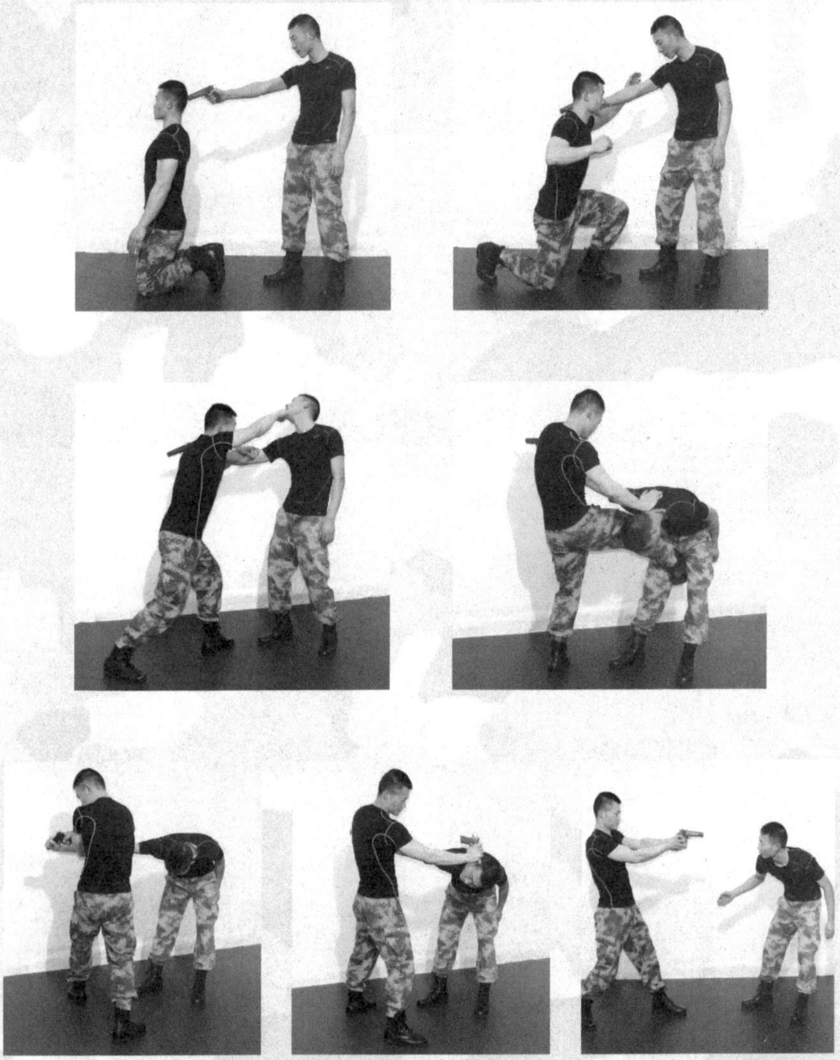

折腕蹬颌

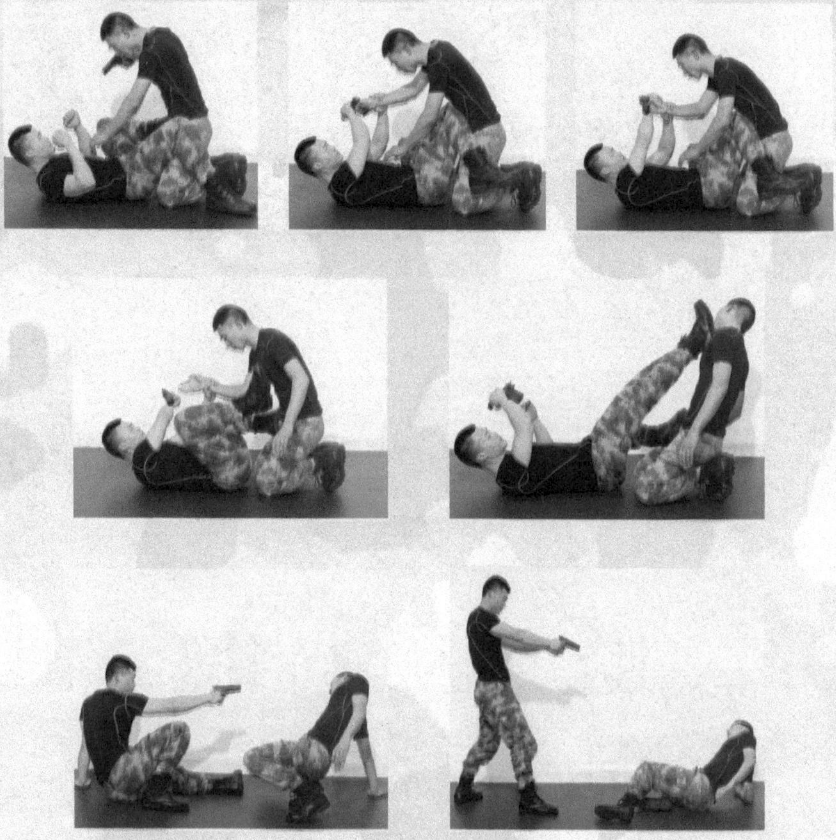

桥摔砸裆

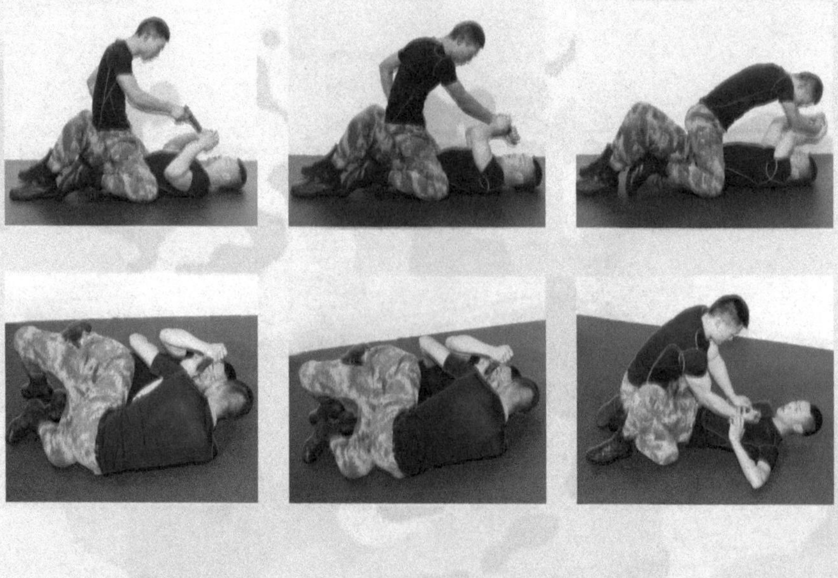

拉腕蹬裆

搬腕侧摔

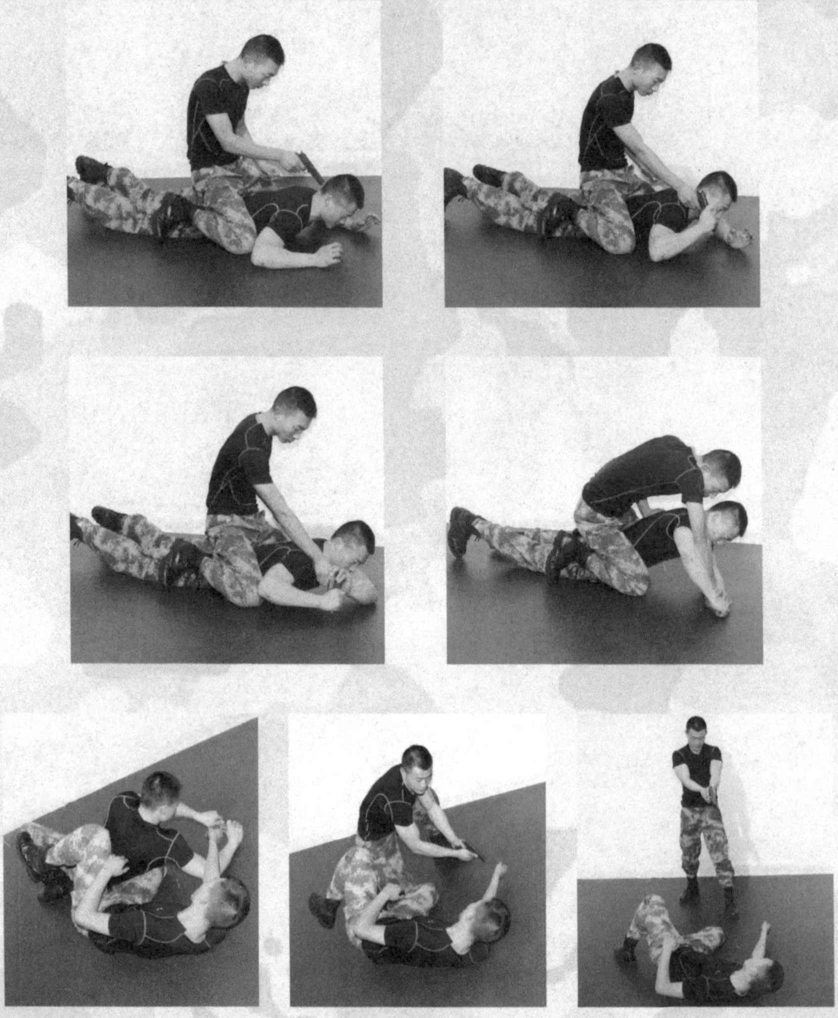

控枪起桥，侧滚击裆

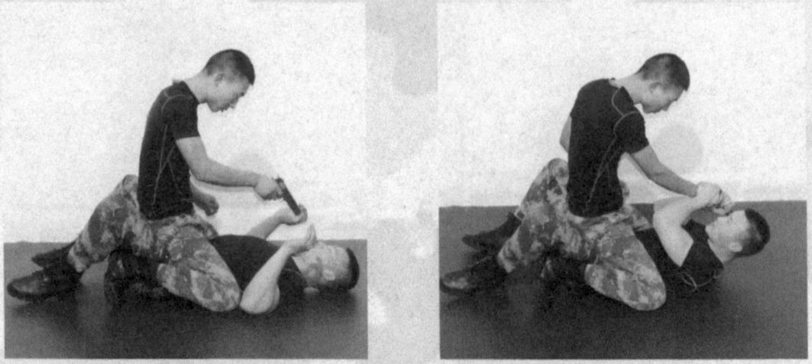

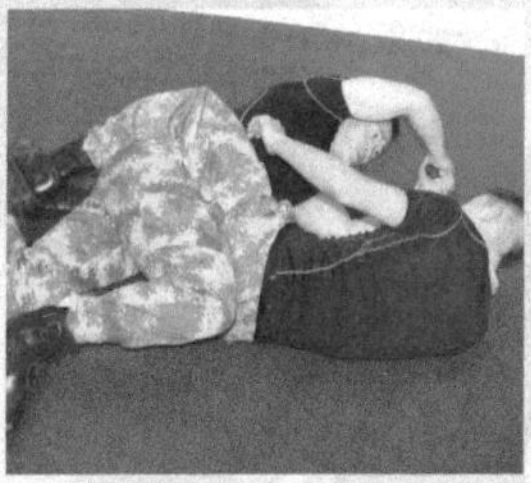
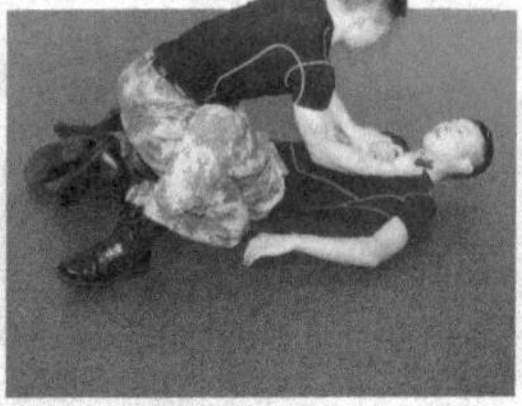

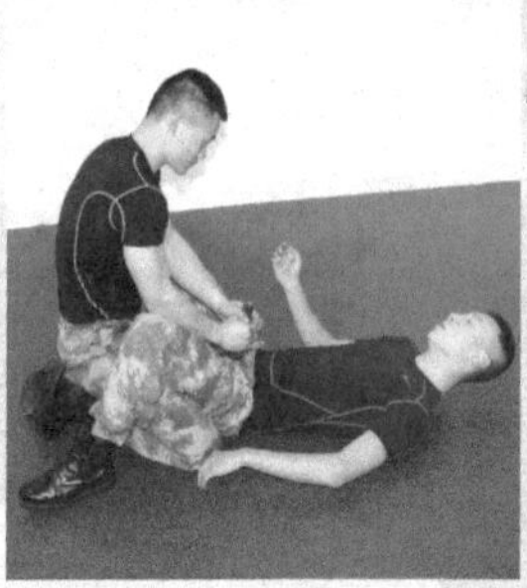

四、长枪

（一）长枪握持方法

1 单手持枪

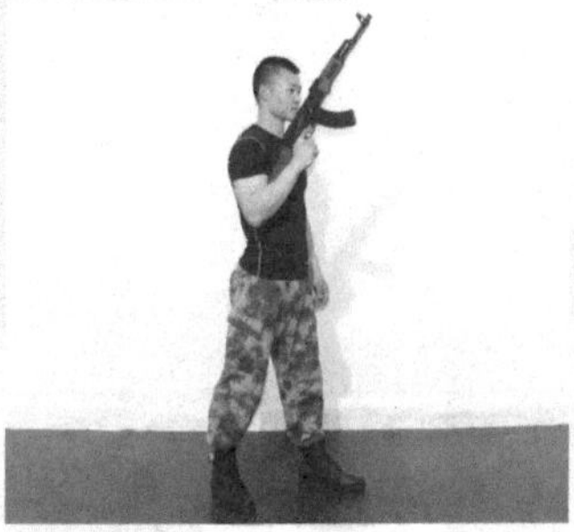

2 双手持枪

（二）长枪进攻方法

1 长枪的打击力点

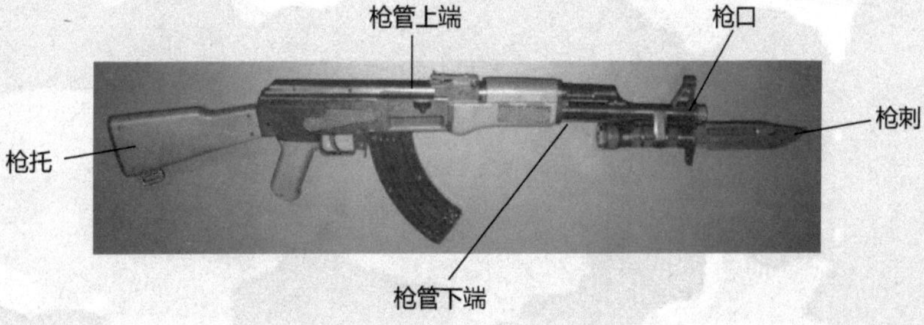

2 长枪打击的方法

劈砸（枪口与枪托）补

抡扫（枪口）

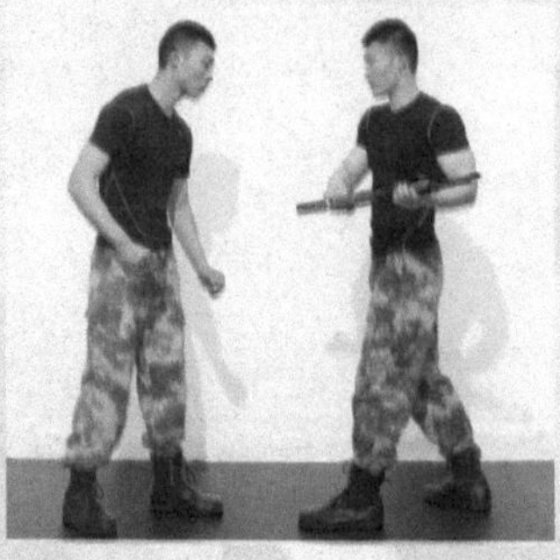

戳捅（枪口　枪刺）

撩挂（枪托）

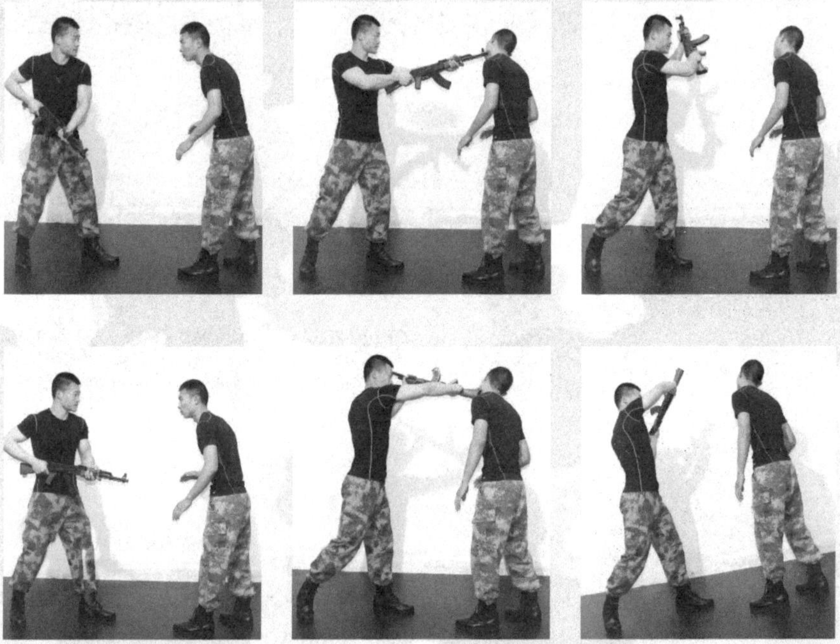

窒息

（三）徒手抵御长枪（刺杀）威胁的防守反击方法

1 遏止敌人长枪进攻

扳拧头颈

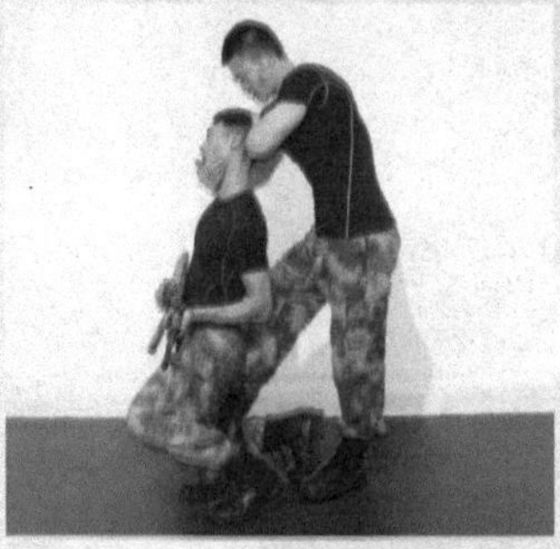

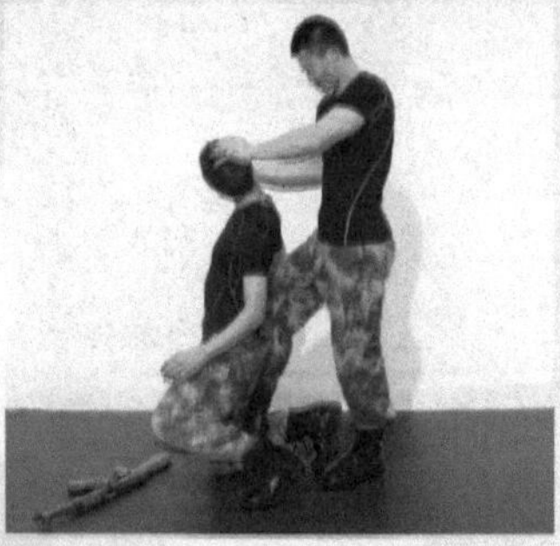

片羽绞

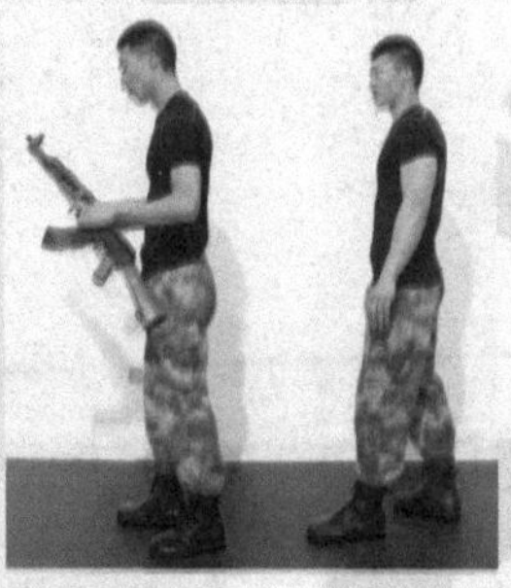

2 抵御长枪正面威胁的防守反击方法

击面拧扫

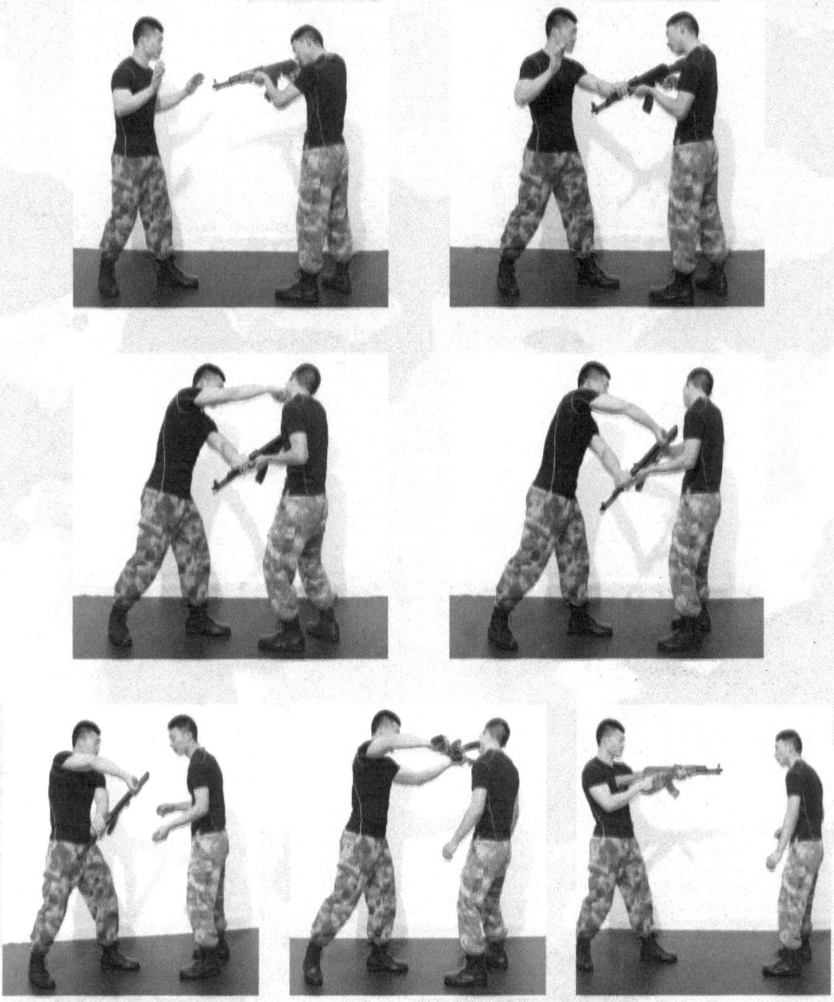

击颌撞膝

顶膝劈砸

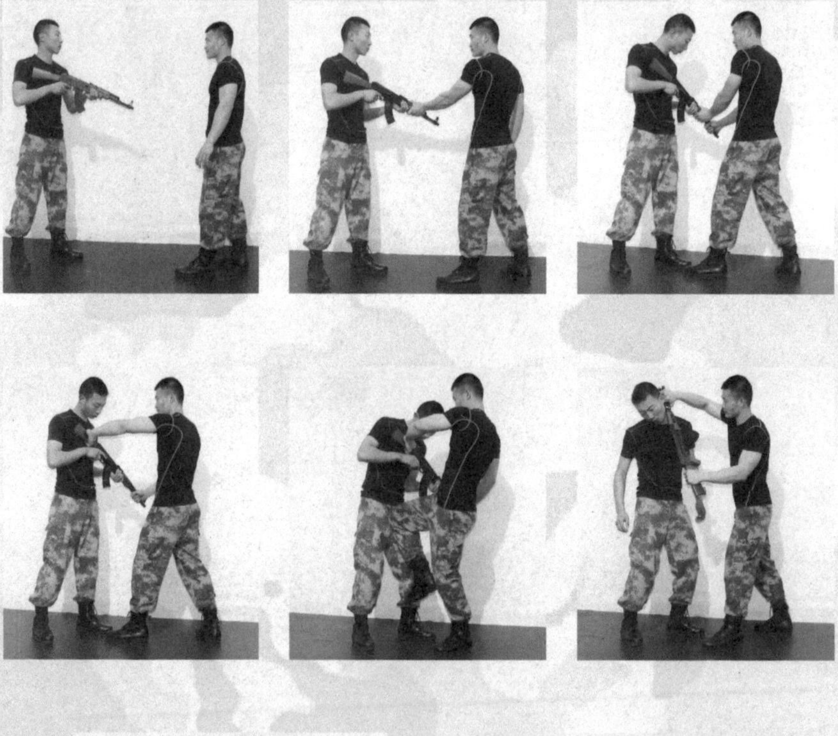

踢裆拧绕

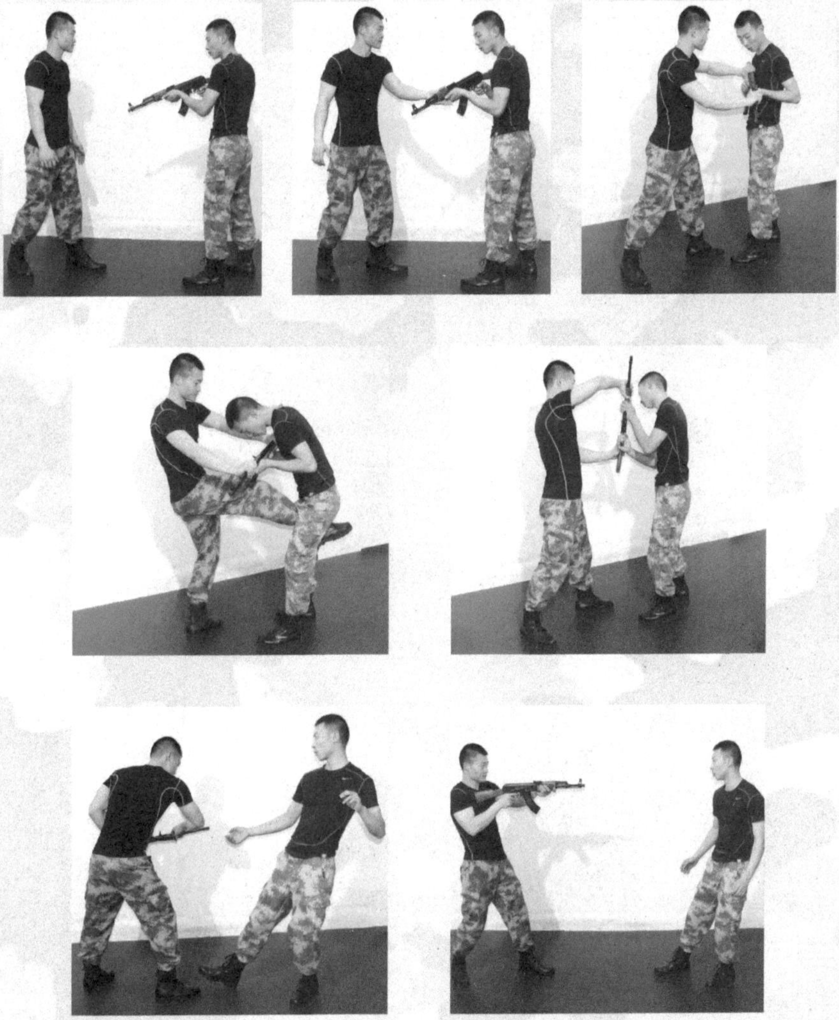

提裆抱摔

抓摔砸头

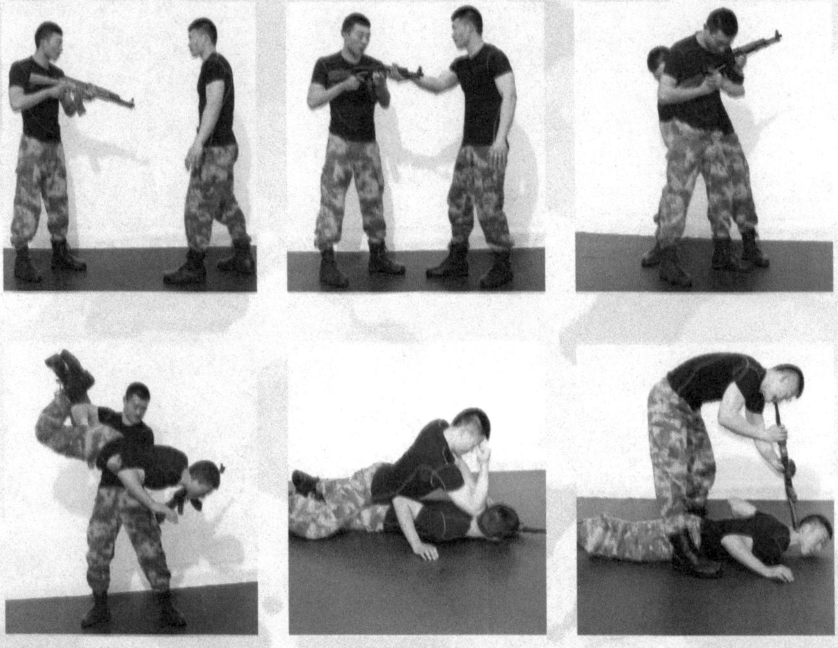

踢裆挂劈

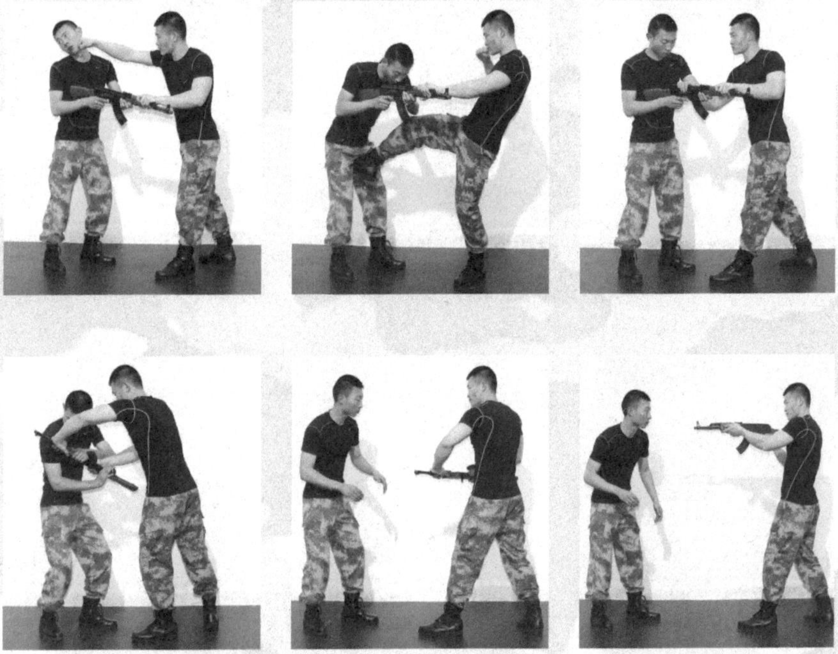

横拍抡扫

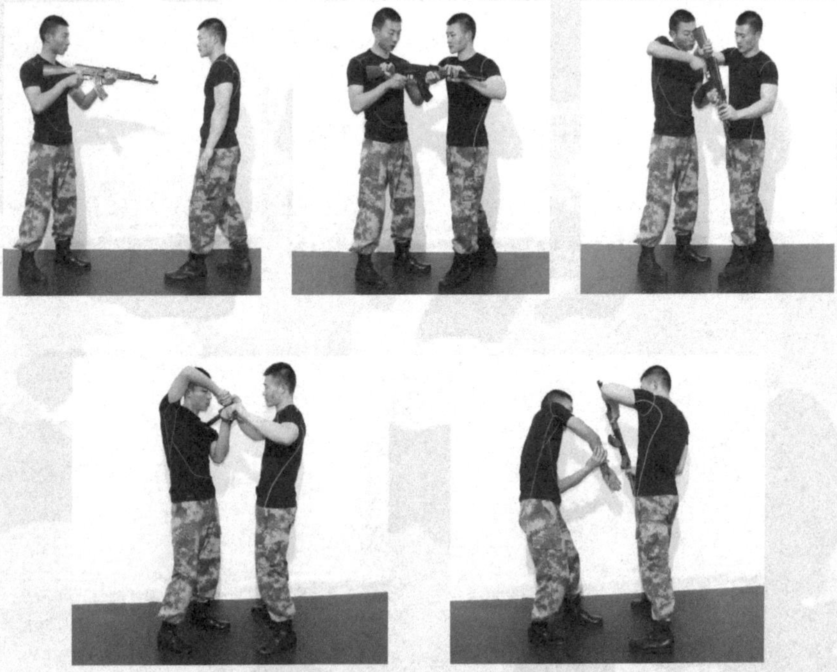

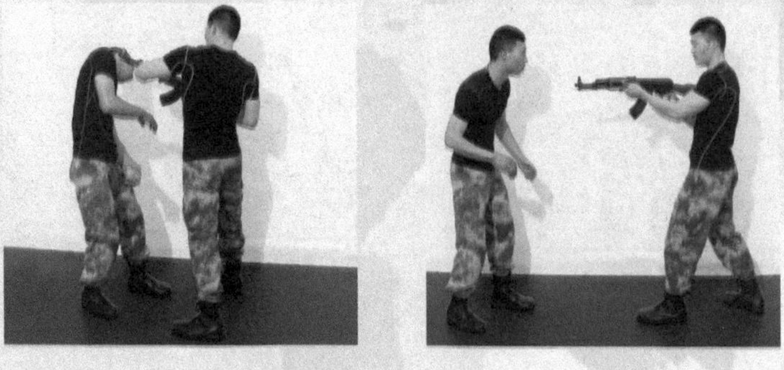

劈砍锁颈

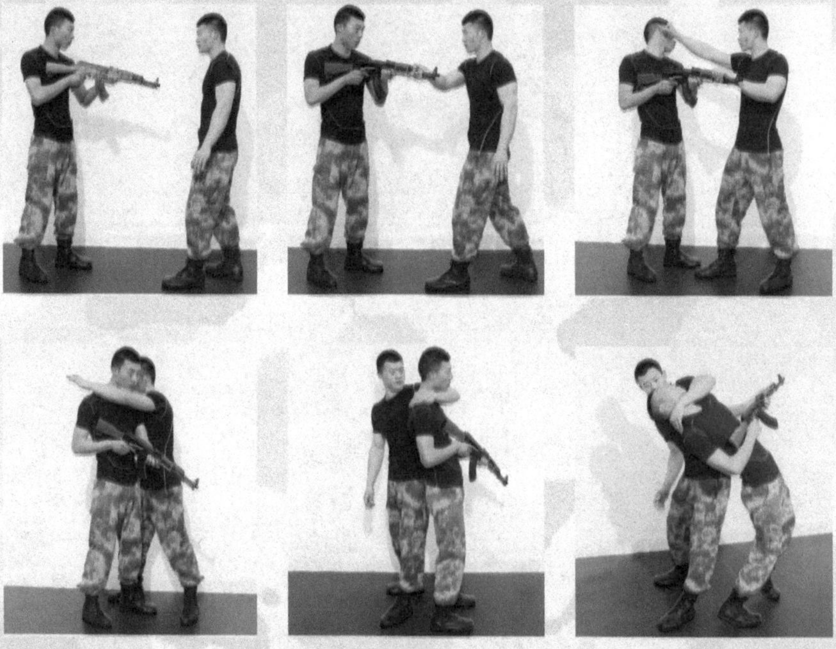

扫肘抡砸

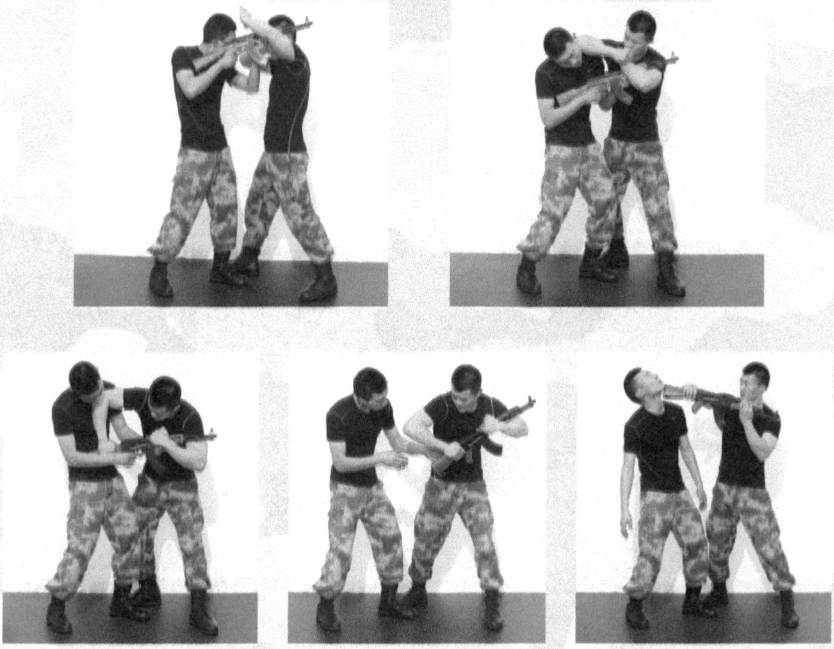

3 抵御长枪背后威胁的防守反击方法

顶膝劈砸

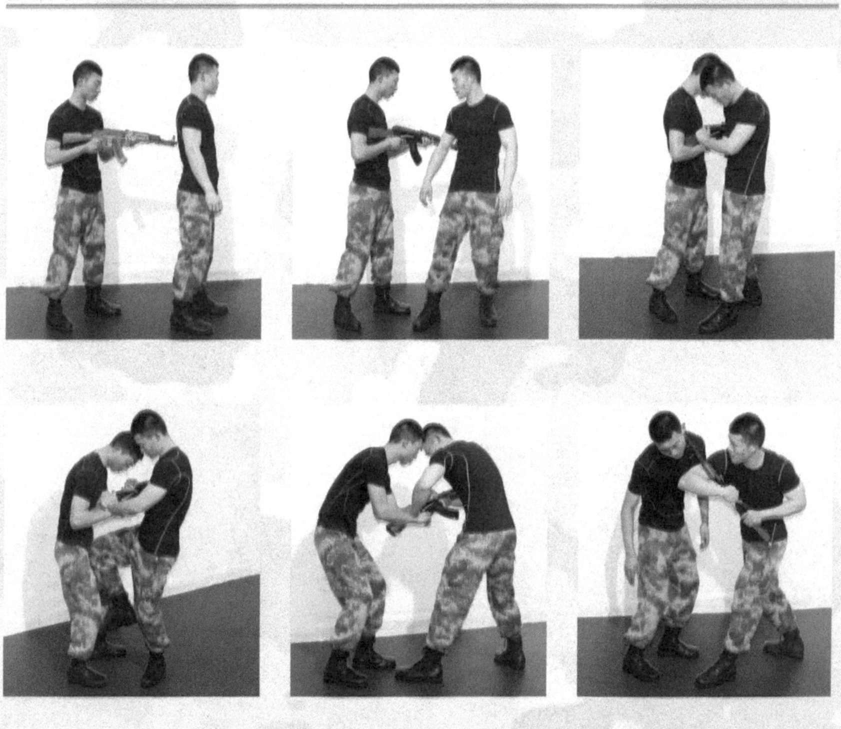

外格抄摔

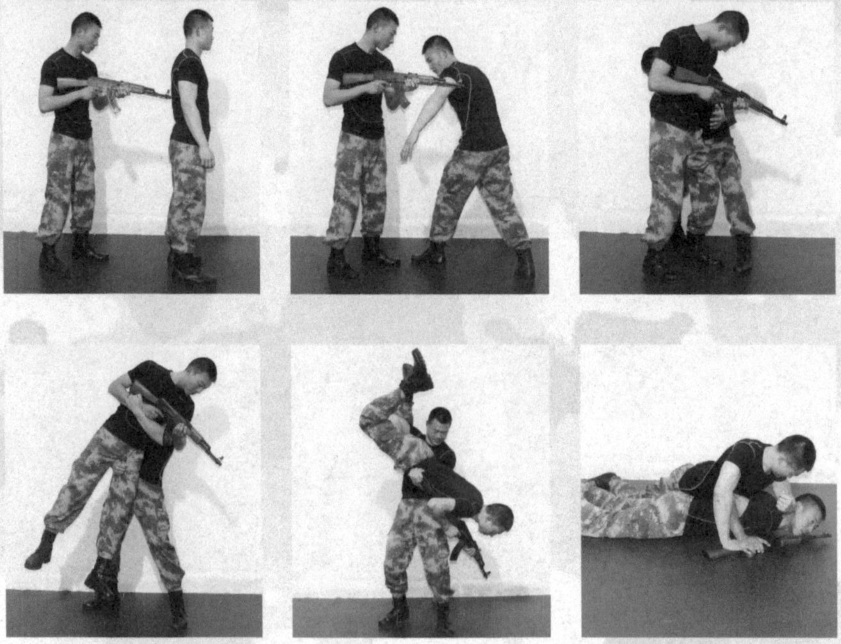

缠抱横扫

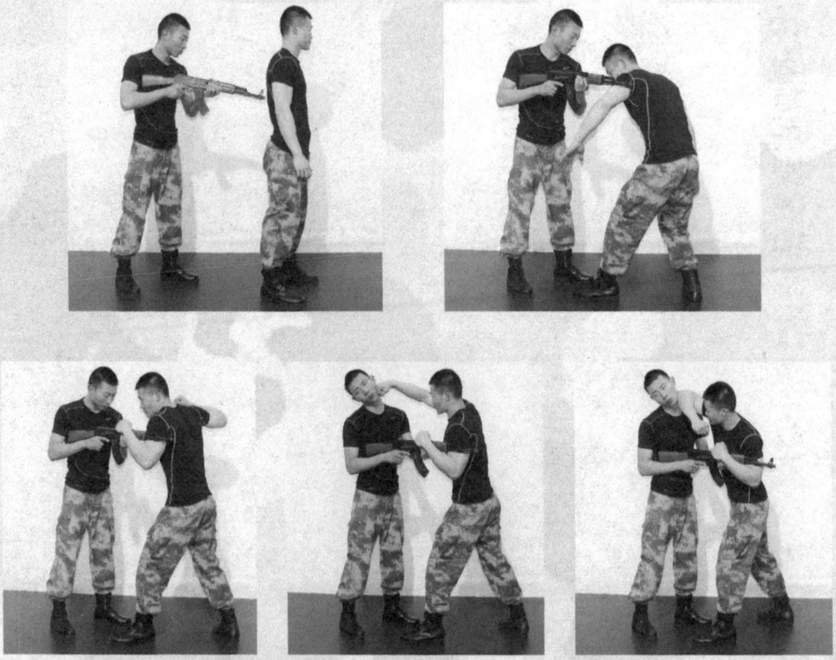

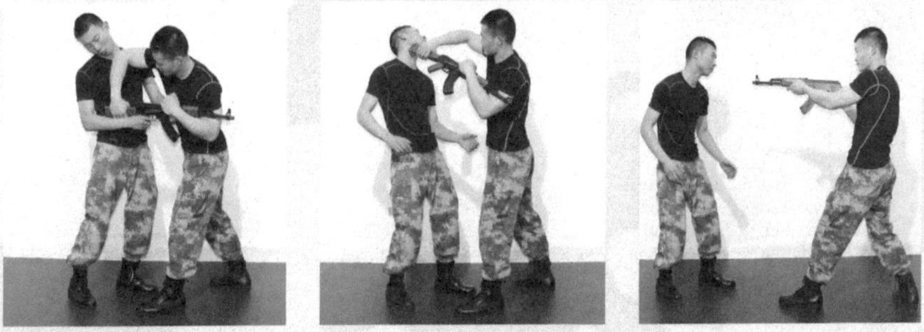

缠抱劈拧

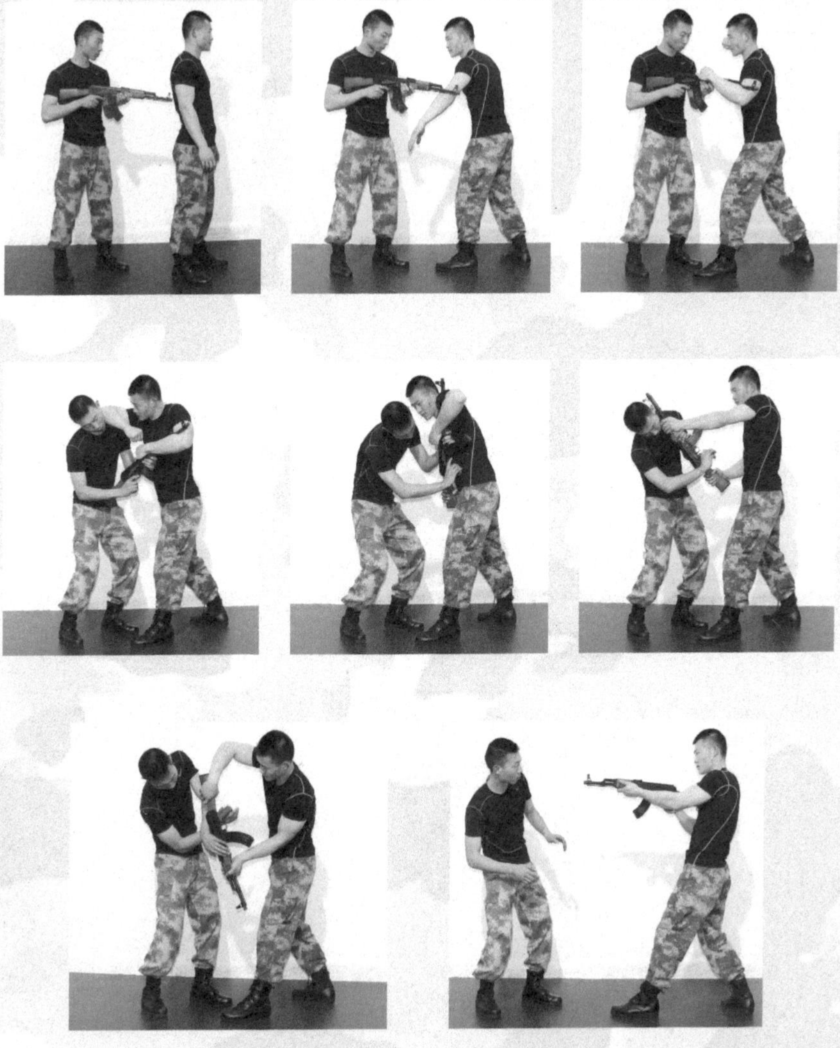

托抓扫砸

扑按踢扫

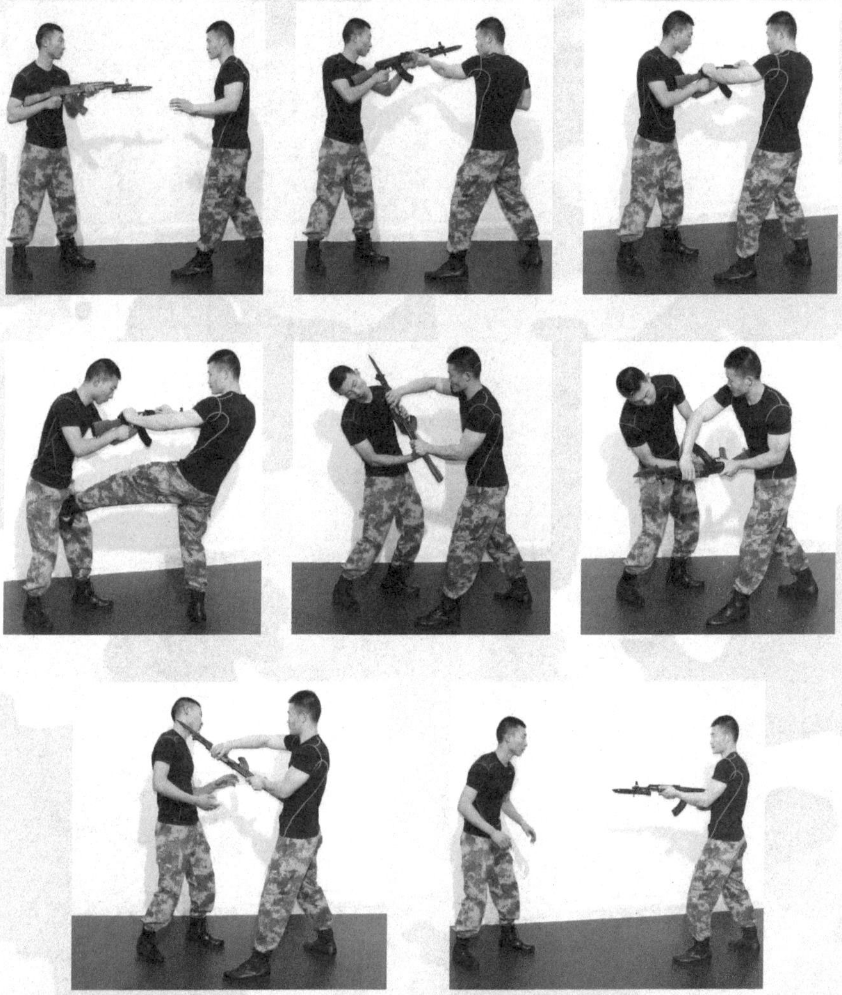

托闪勒颈

闪身踩躲

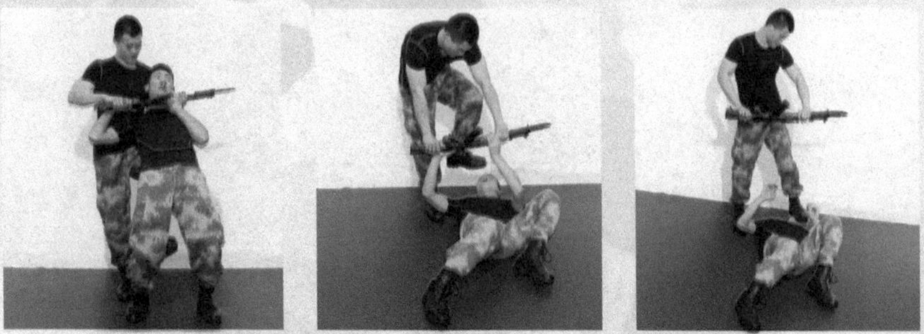

5 抵御长枪被迫触地威胁的防守反击方法

闪扫抡砸

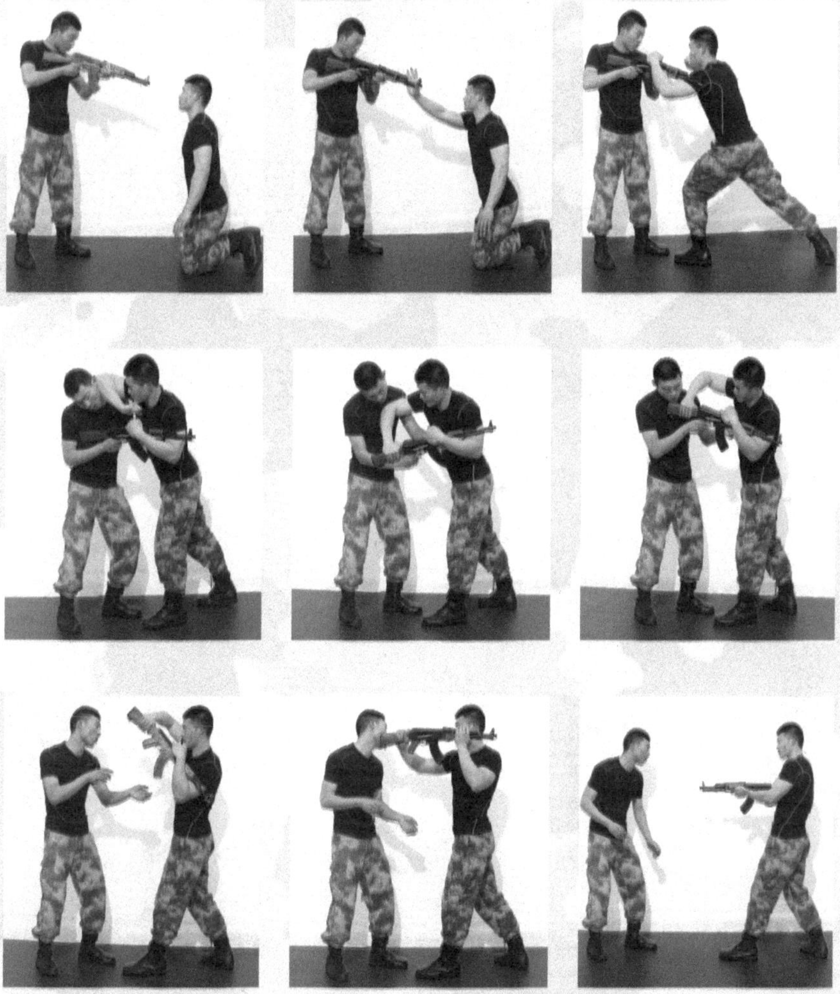

拉摔踹膝

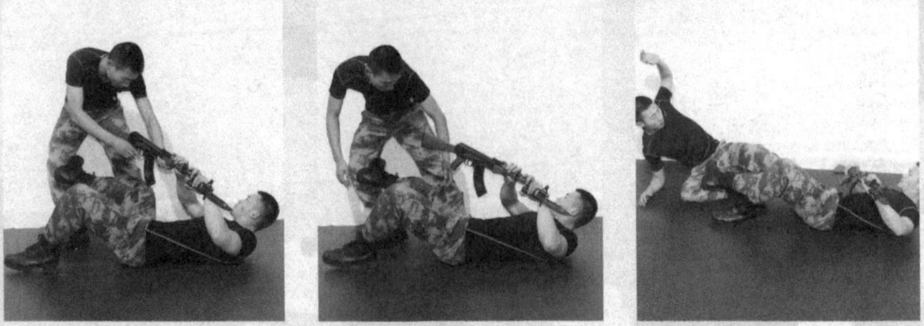

五、枪械抵御枪械攻击的防守反击方法

（一）匕首抵御匕首攻击的防守反击方法

1 匕首抵御匕首劈刺的防守反击方法

直刺咽喉补刺后腰

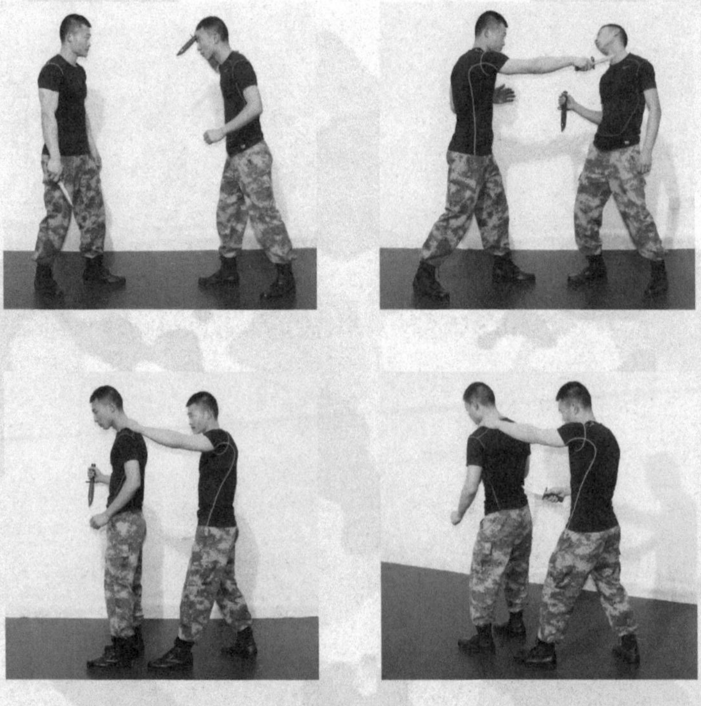

划割手臂上步刺背

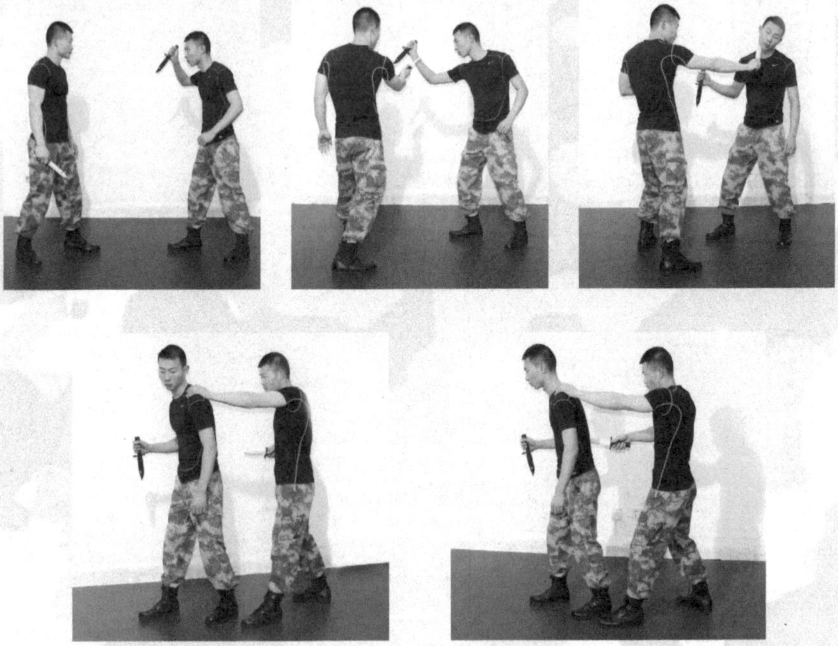

格架推按转身割喉

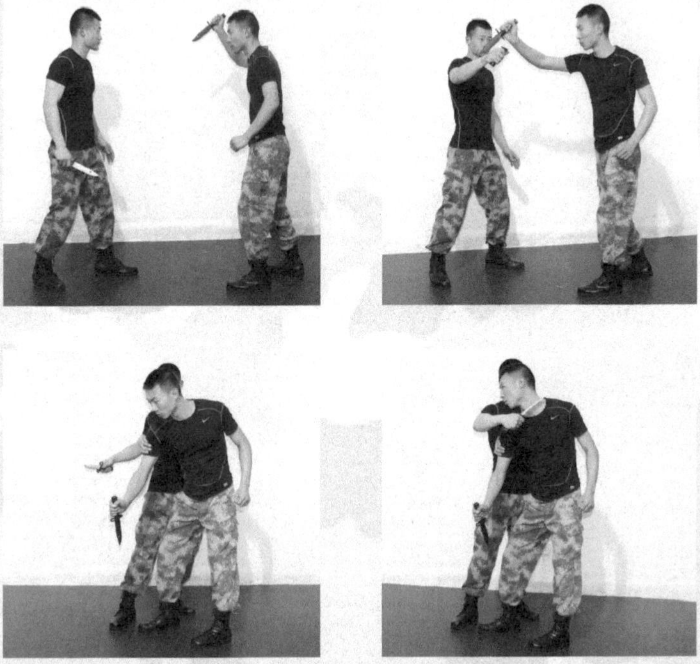

2 匕首抵御匕首直刺的防守反击方法

推挡划割扳头割喉

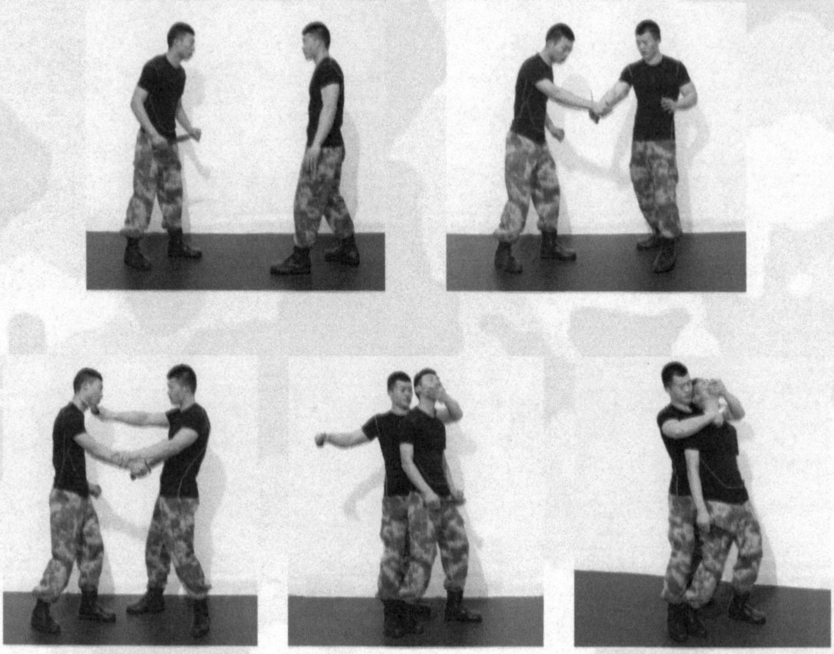

磕抵格架推头割喉

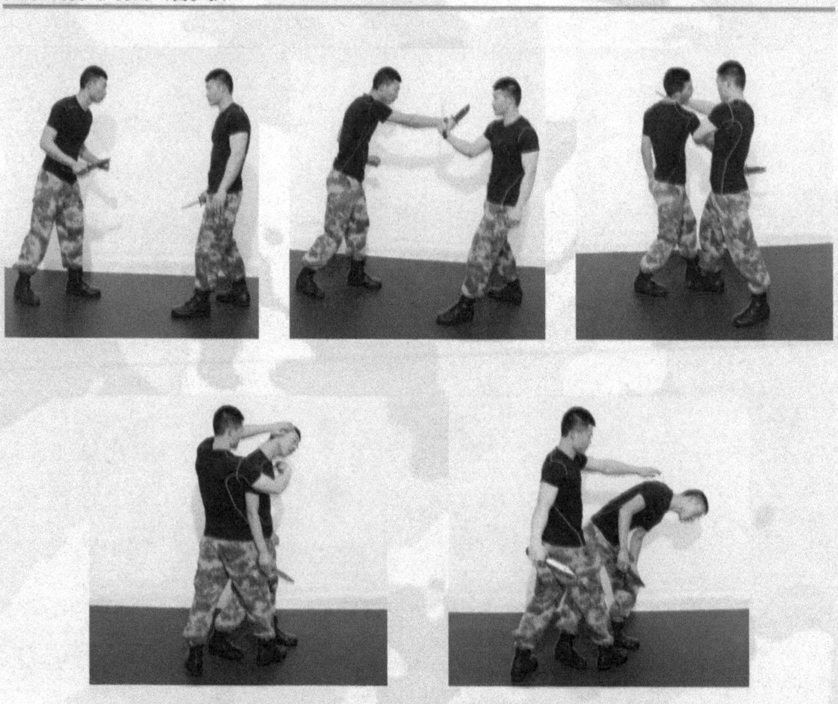

磕抵抹喉袭裆踹膝

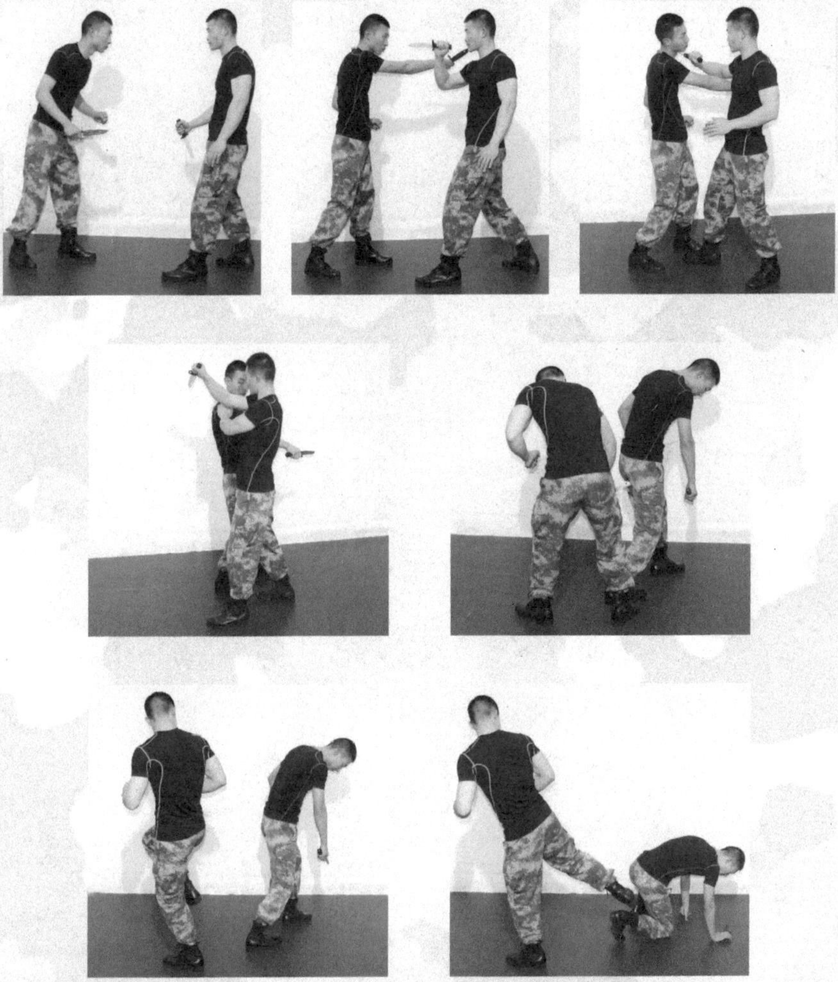

挂拨闪身抹肋刺背

挂拨侧闪锁臂摇摔

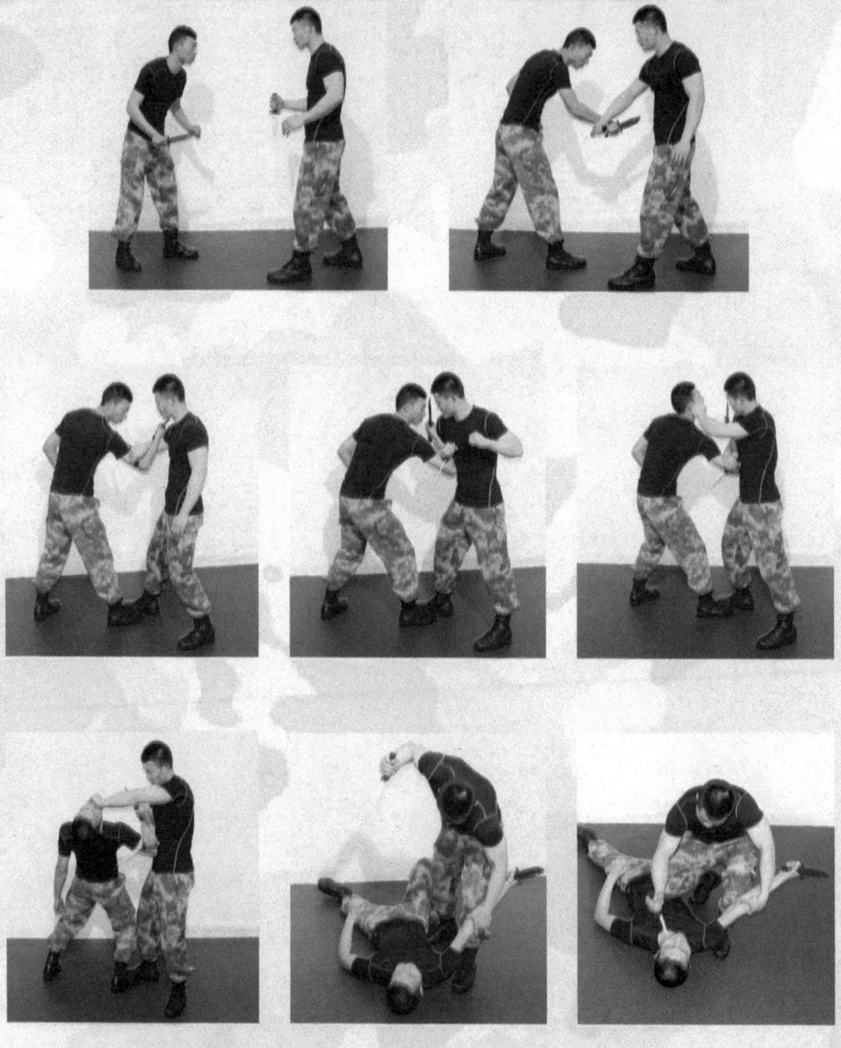

3 匕首抵御匕首挑刺的防守反击方法

割腕抓臂，刺腹划颈

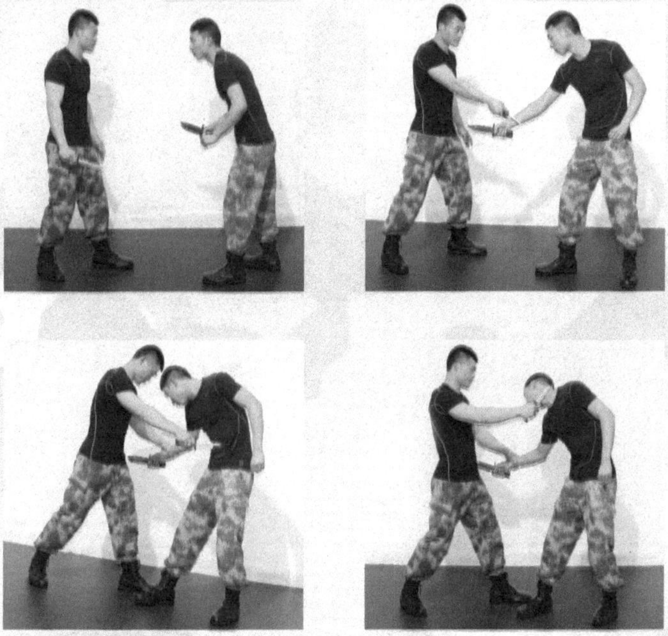

划割擒臂，刺胸割颈

阻截切划扳头割喉

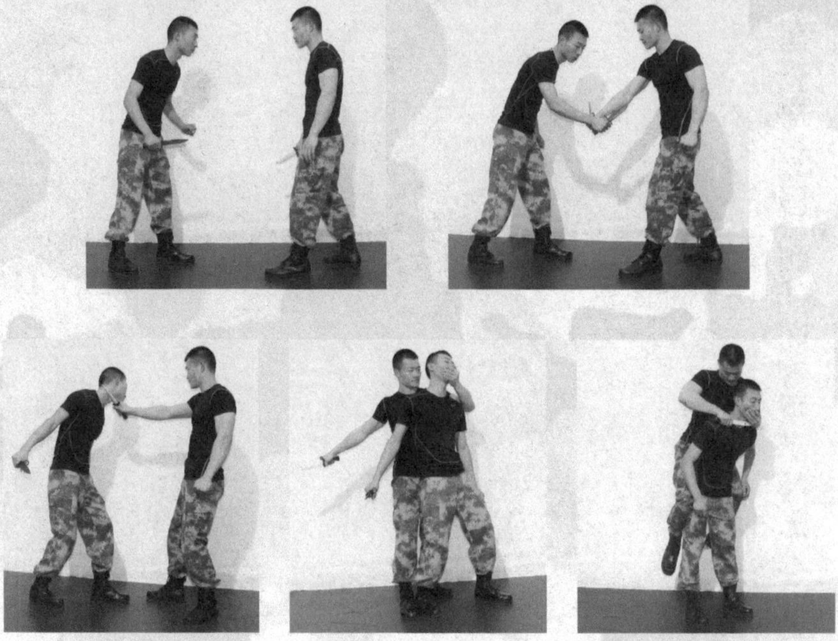

4 匕首抵御匕首划割的防守反击方法

推挡划颈，绕后刺背

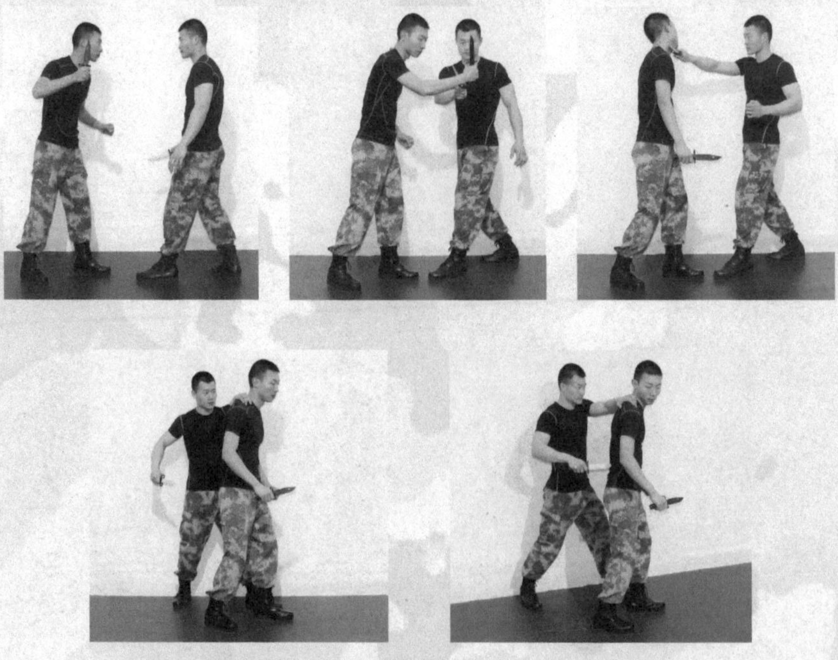

拨挡闪身，绕后割喉

划割擒臂，抹颈连刺

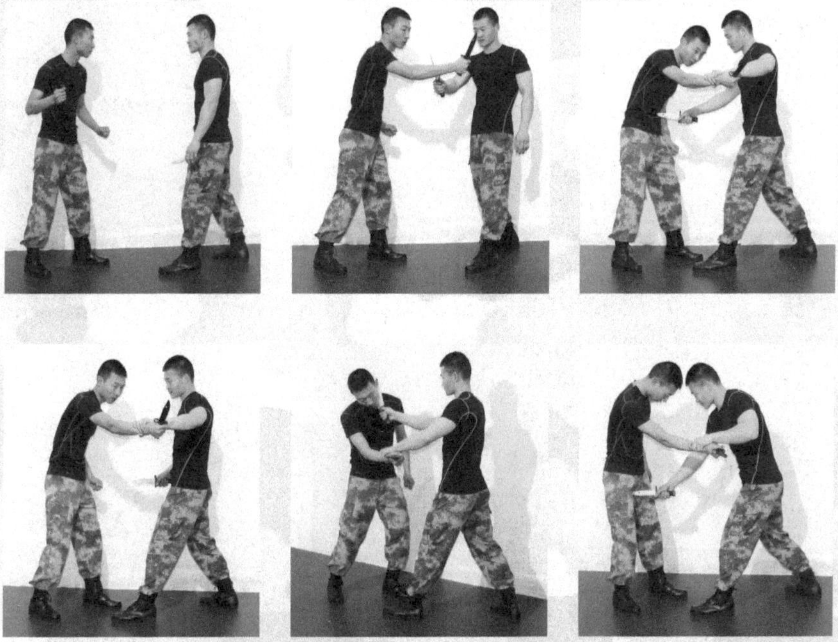

后闪割腕，擒臂挑刺

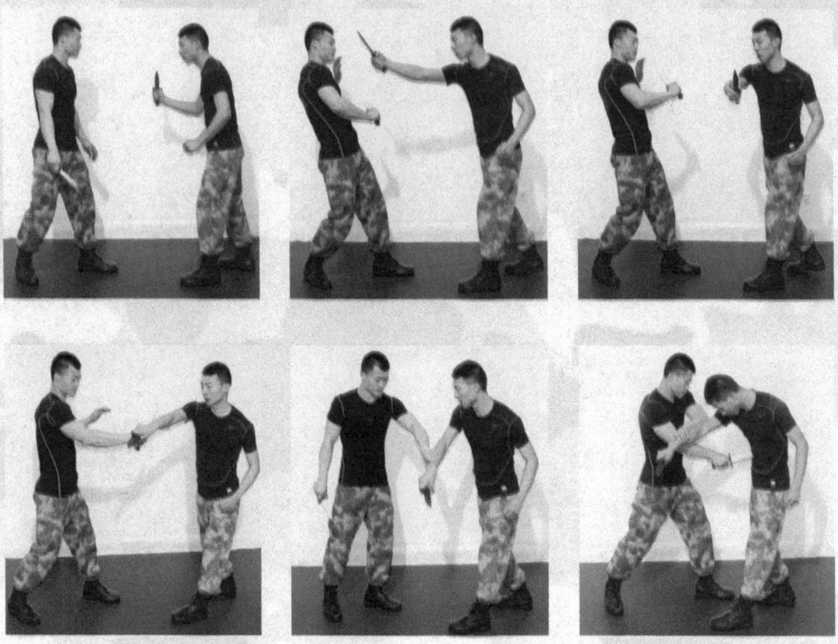

（二）短棍抵御短棍攻击的防守反击方法

1 单手持棍抵御短棍攻击的防守反击方法

格架防劈，斜劈踢裆

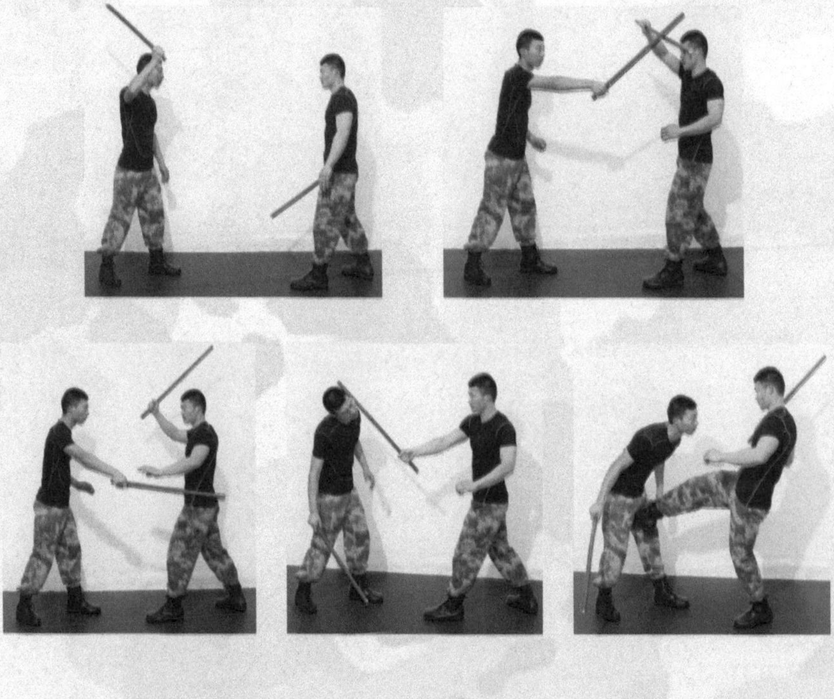

横格防扫，抡扫击头

推阻防戳，横抡击头

外劈防戳，内劈击头

挂阻防戳，抡扫击头

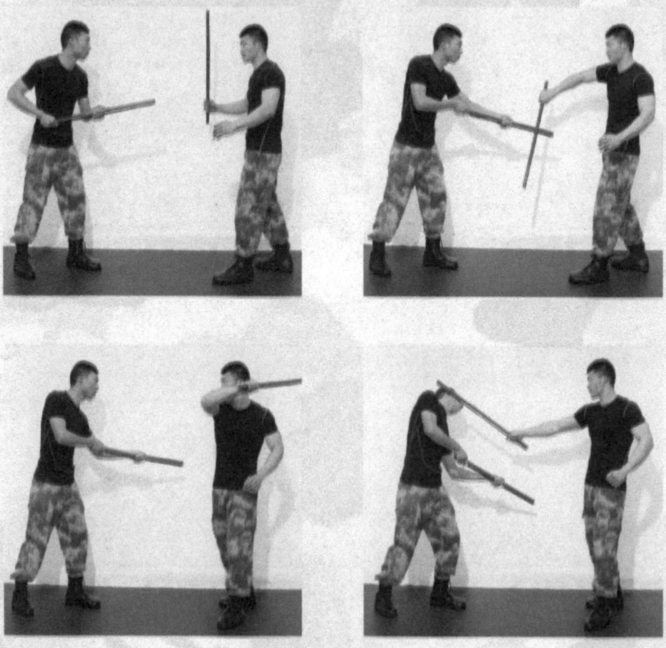

劈砸防扫，弹踢击裆

推挡防扫，劈砸后脑

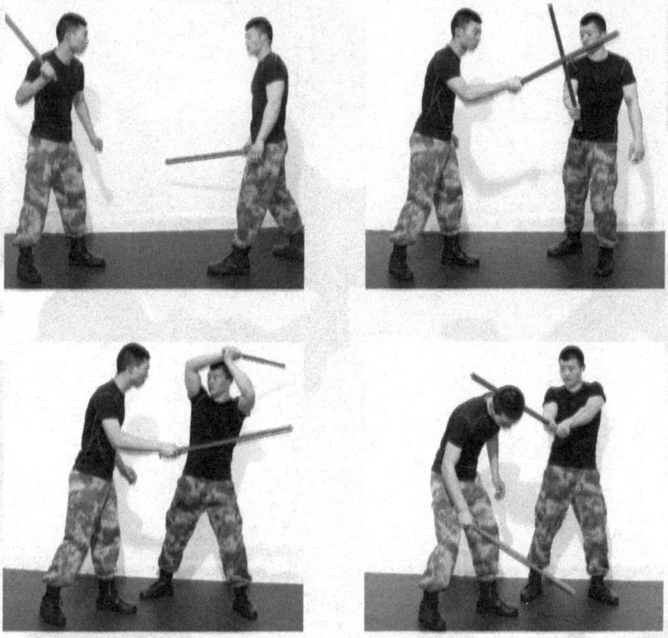

劈砸防撩，抡扫连击

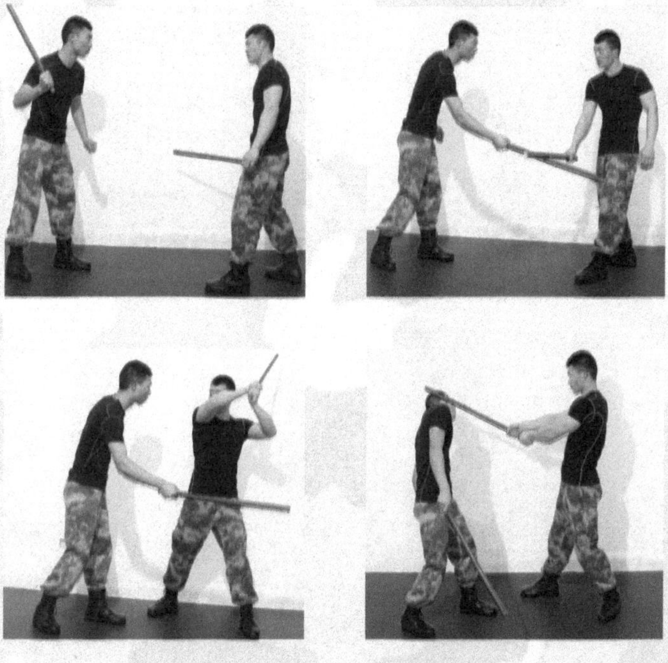

推挡防扫，磕颈砸头

劈砸防扫，劈砸头颈

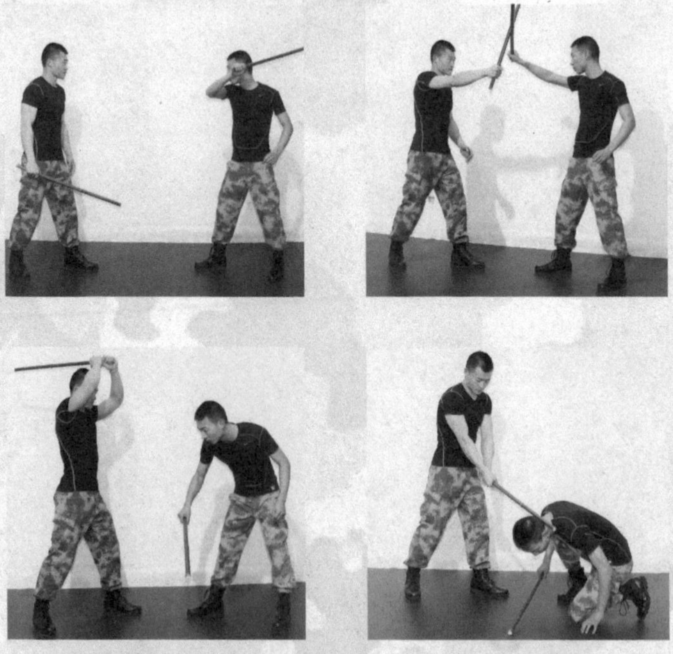

2 双手持棍抵御短棍攻击的防守反击方法

推抵防扫，抡扫面目

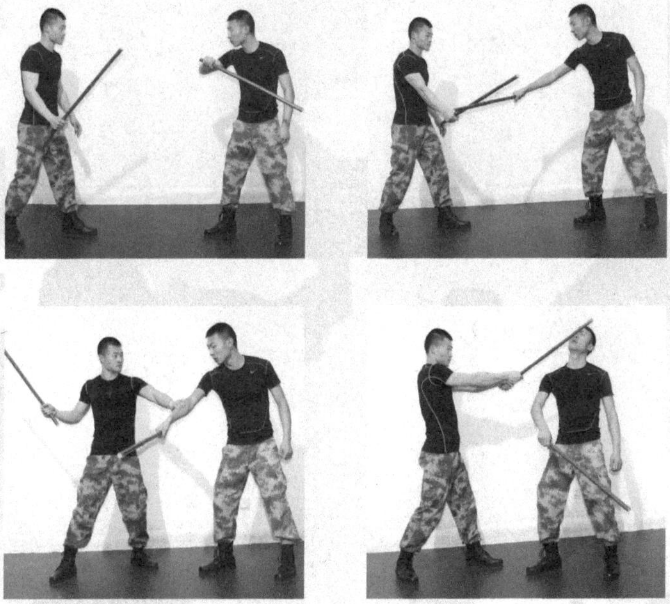

格架防劈，弹裆踢腹

推挡防扫，斜劈击头

推挡防扫，磕砸头颈

格架防劈，抡扫击头

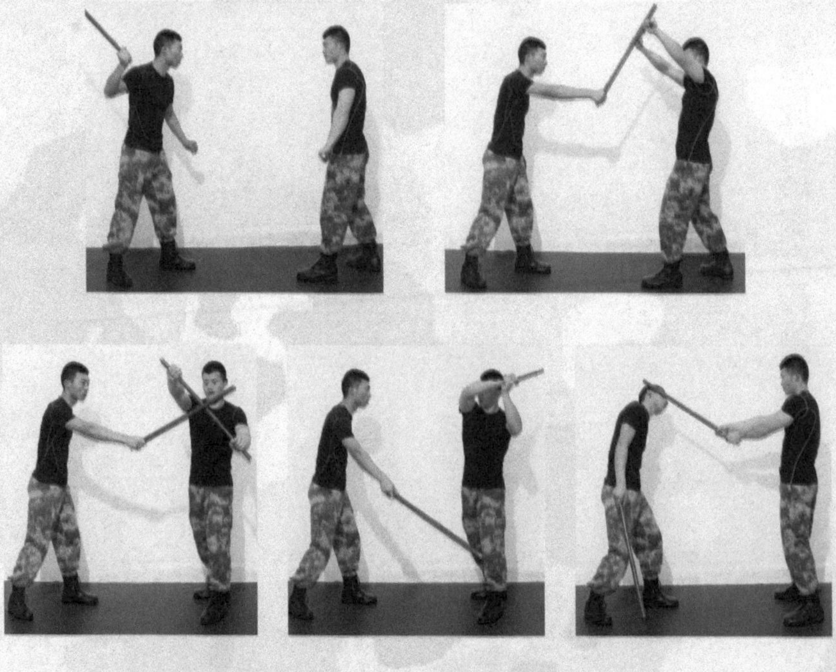

推抵防撩，抡扫击头

推抵防挂，抡扫击头

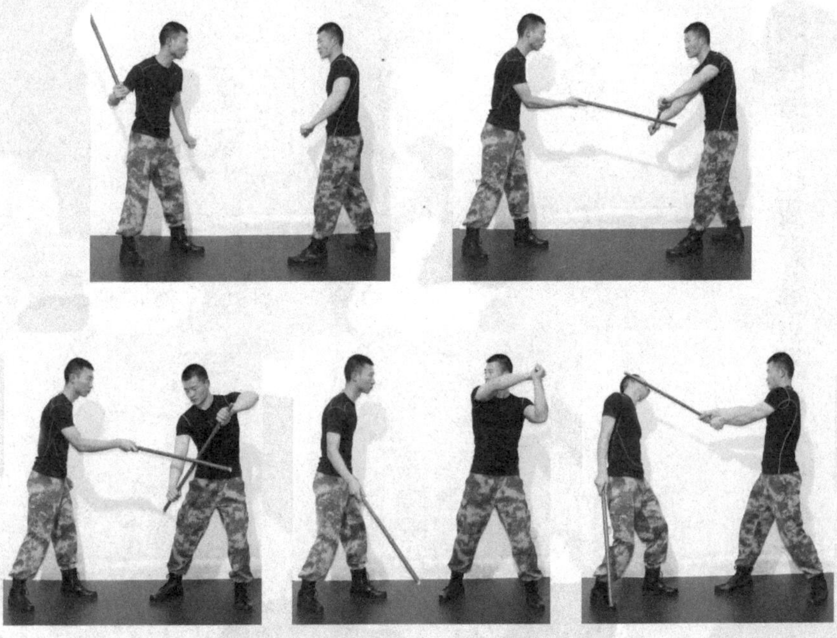

推抵防撩，抡击面目

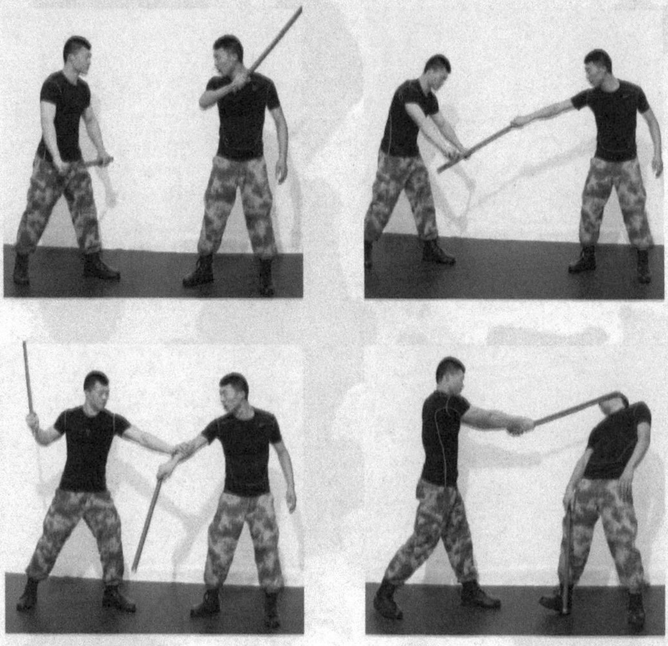

（三）短棍抵御匕首攻击的防守反击方法

1 短棍抵御匕首劈刺攻击的防守反击方法

戳喉踢裆

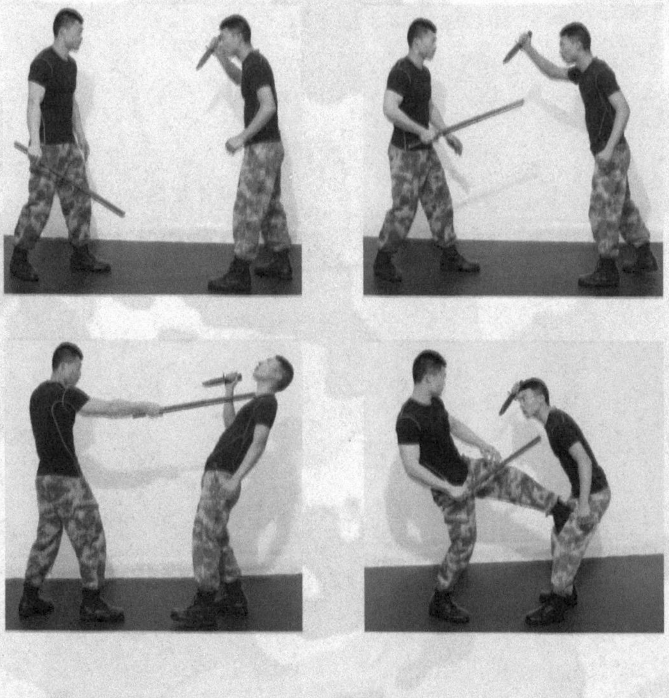

格架挑颌

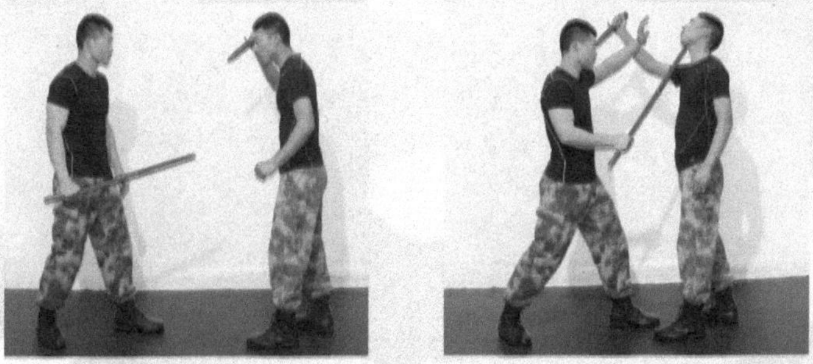

格架劈扫

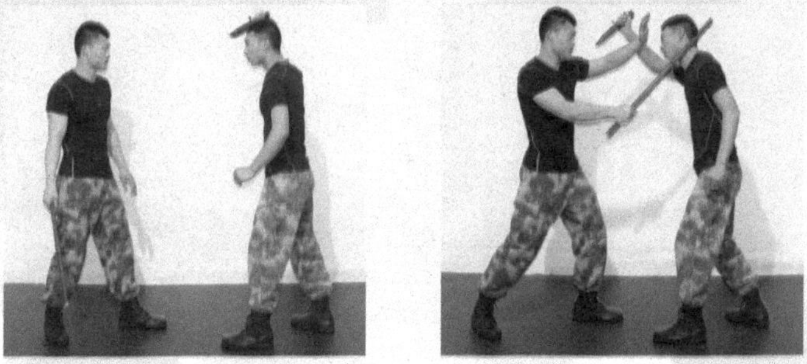

格架磕砸

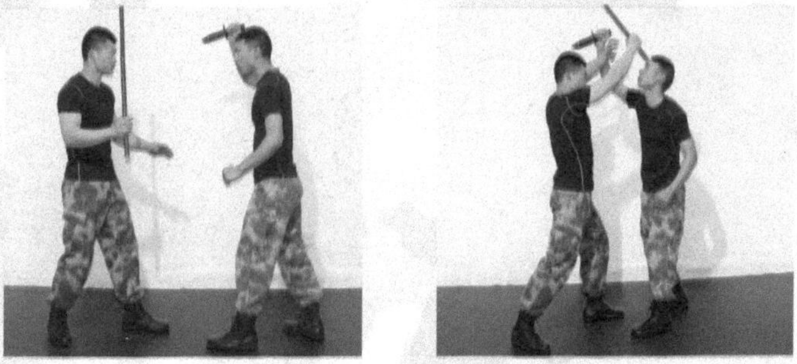

扫腕抽脸

2 短棍抵御匕首挑刺攻击的防守反击方法

磕腕扫颈

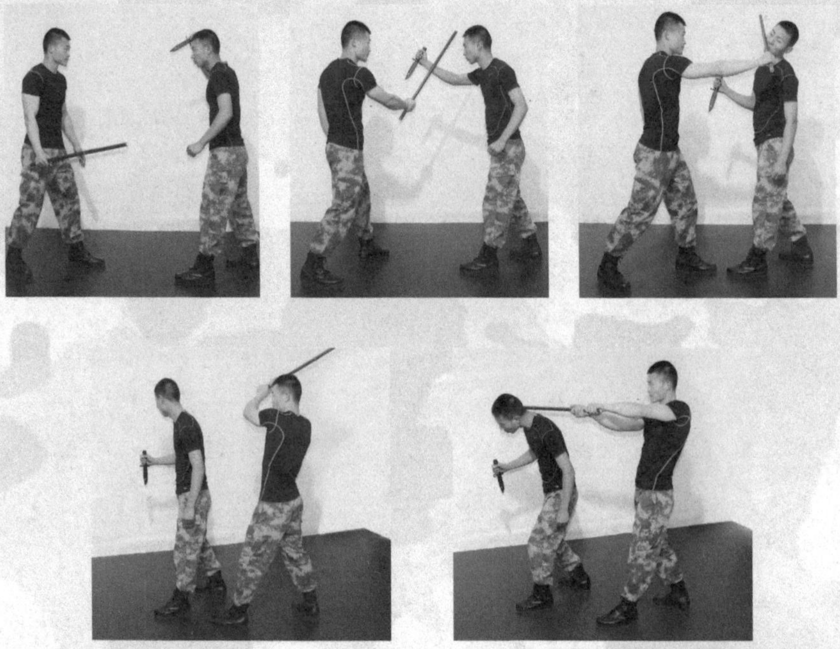

抵腕扫颈

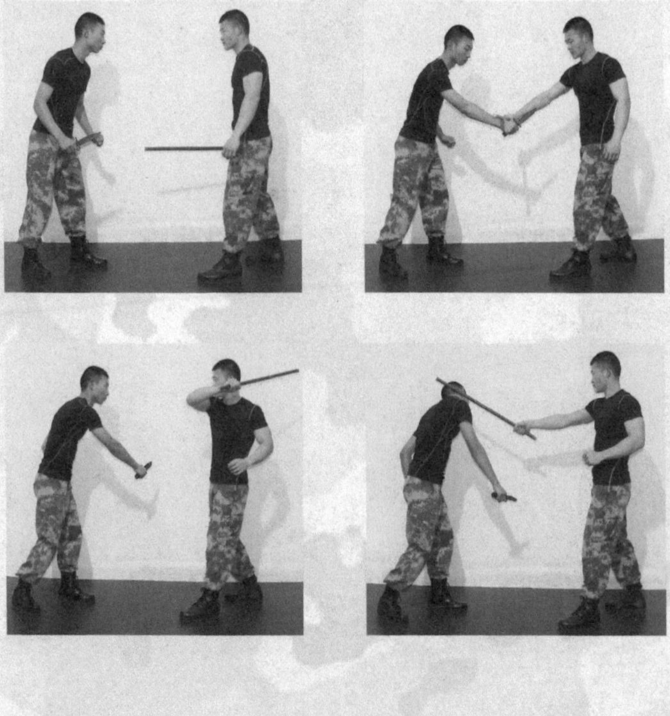

劈抽扫头

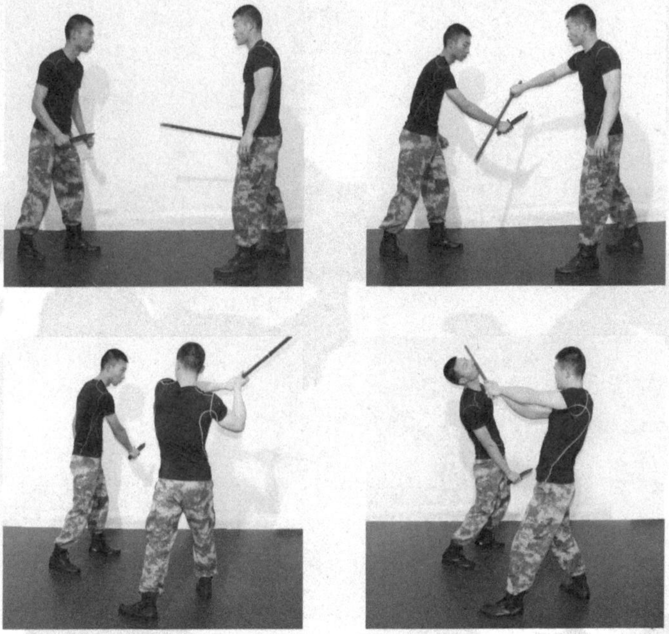

击腕扫头

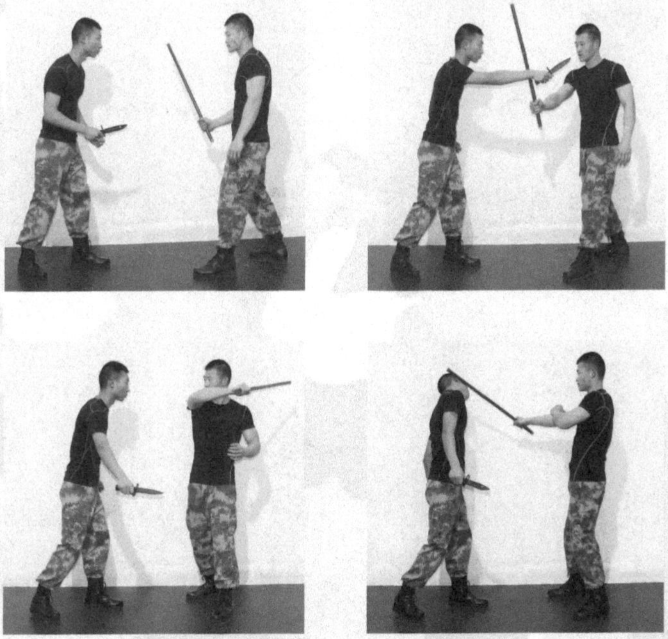

4 短棍抵御匕首划割攻击的防守反击方法

抽劈扫颈

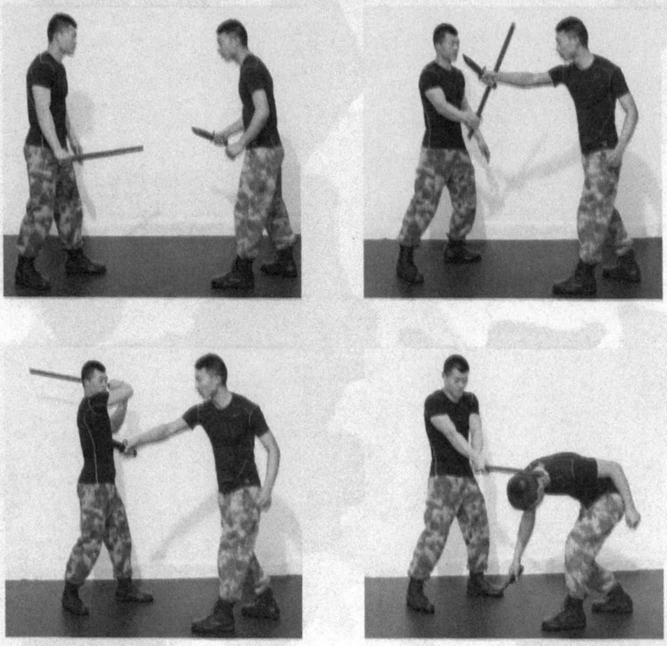

扫腕踢裆

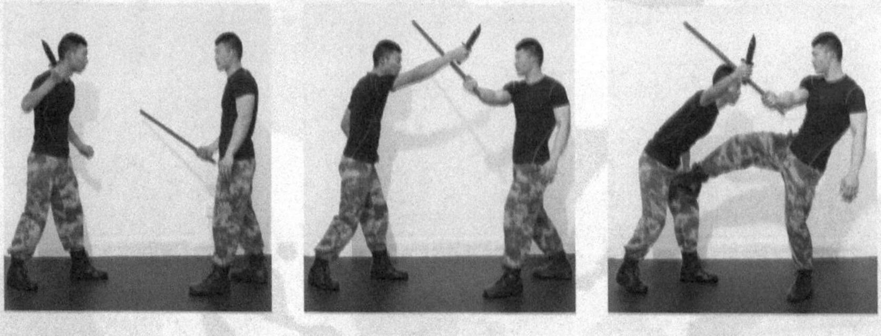

扫腕砸头

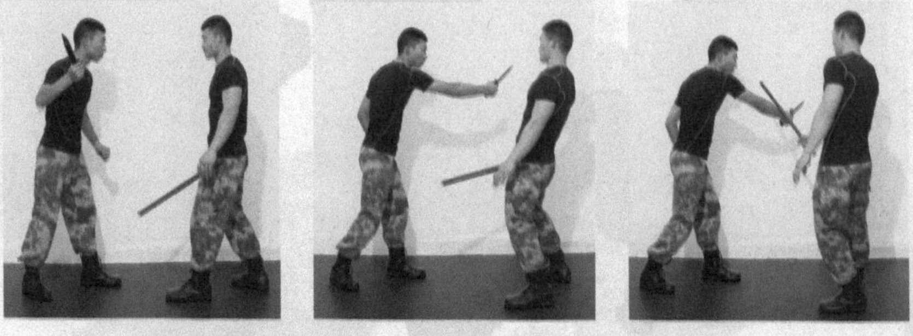

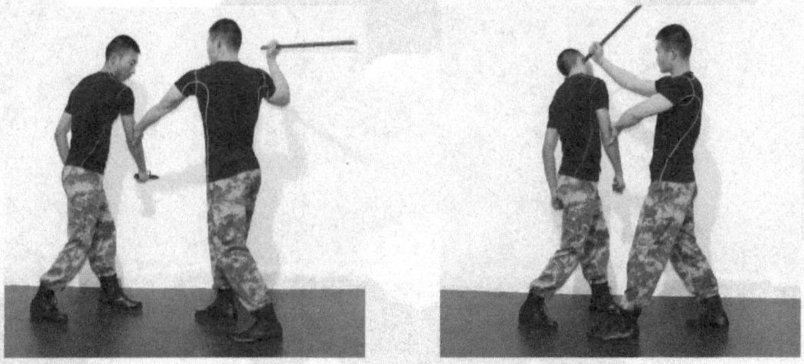

砸腕劈颈

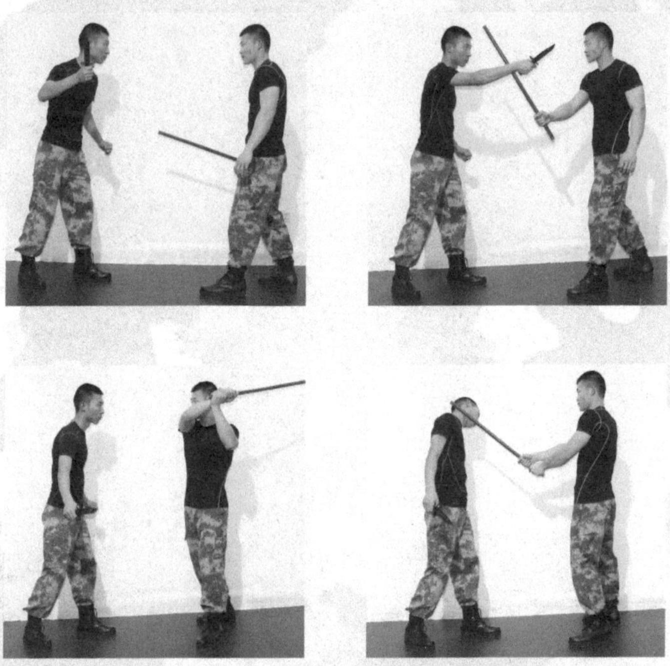

外扫劈头

内扫别摔

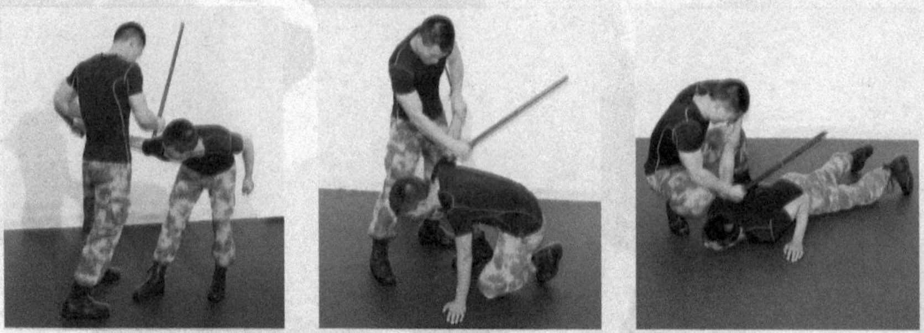

外扫劈砸

外扫抵摔

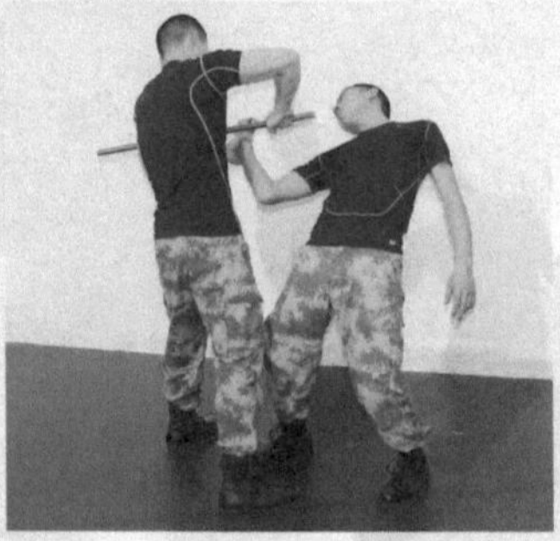
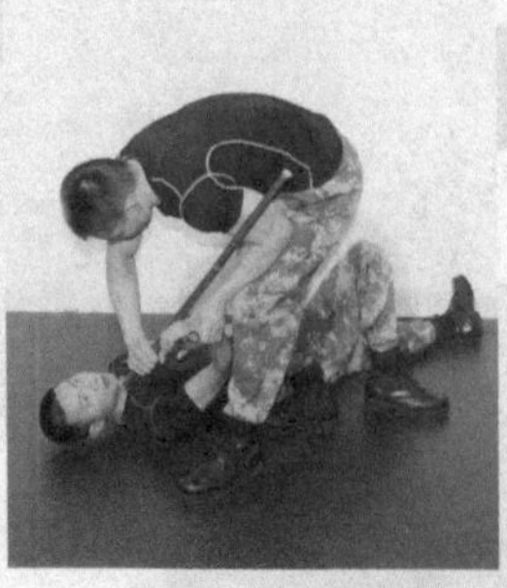
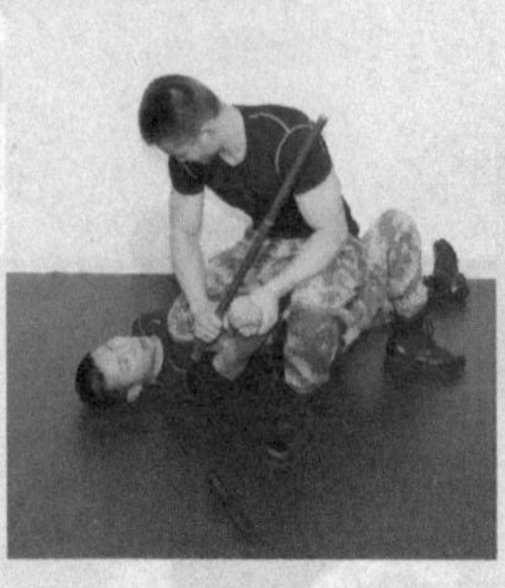
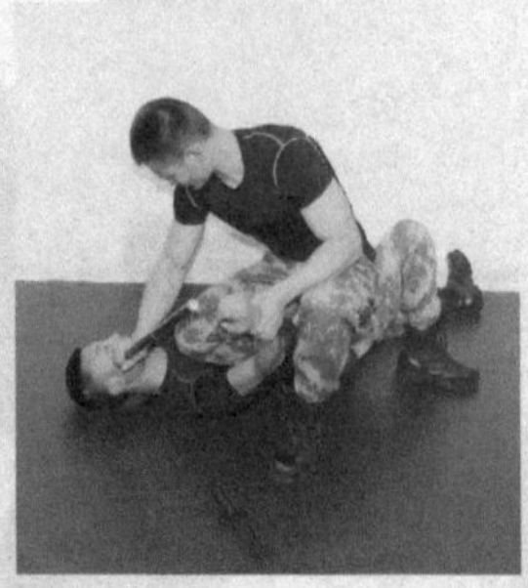

（四）手枪抵御匕首攻击的防守反击方法

1 手枪抵御匕首背后攻击的防守反击方法

转身阻砍，戳头踢裆

砍腕捅头，顶腹别摔

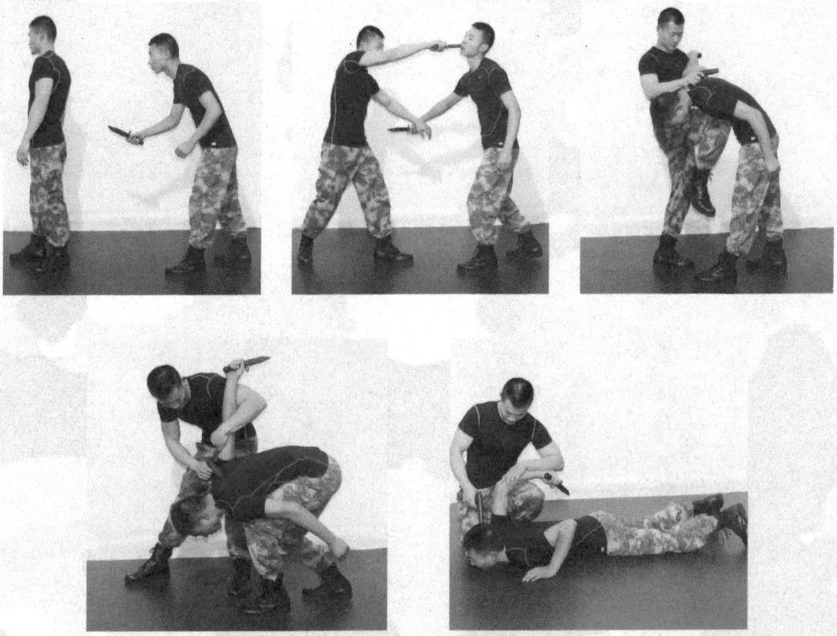

格架戳喉，擒臂砸手

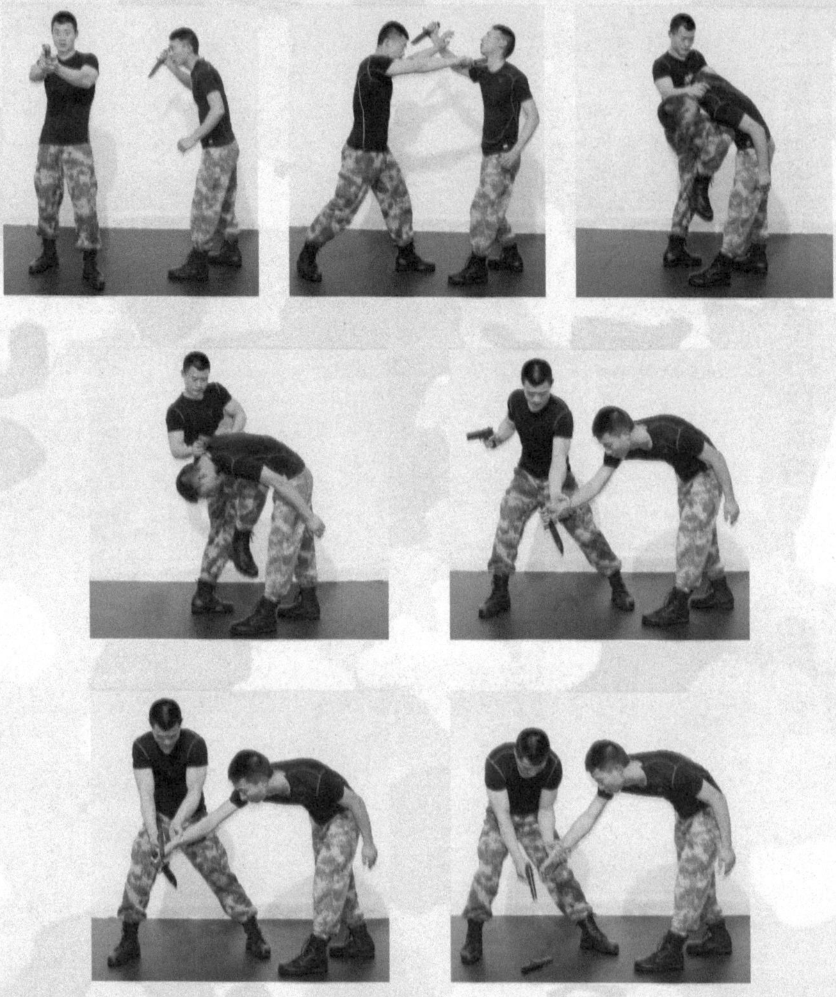

撩挂抓腕，捅面磕手

挡抓拿腕，戳颌砸手

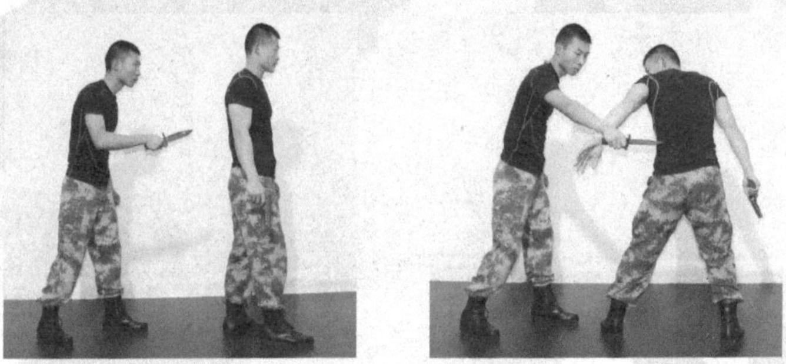

抡扫踢裆，劈脸磕手

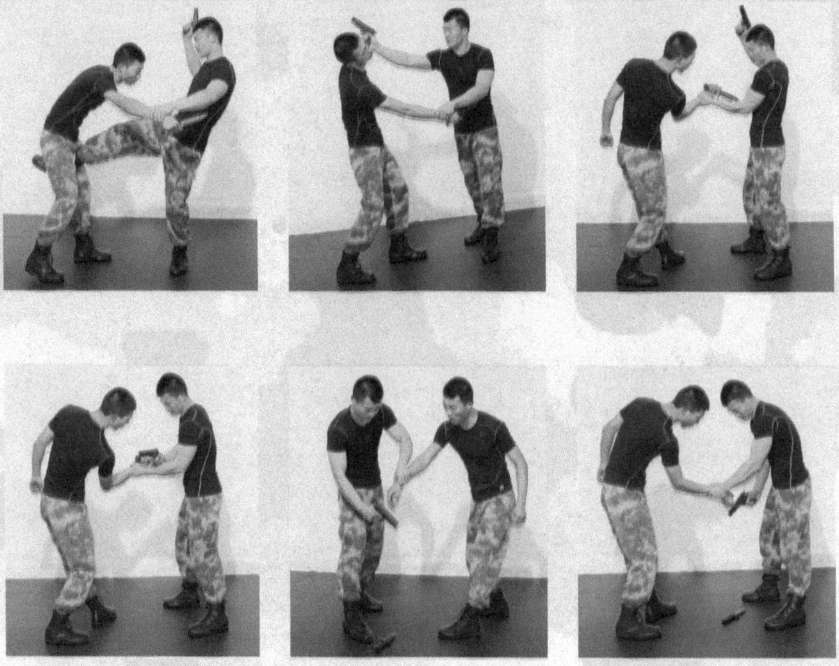

格架抵臂，踹膝砸头

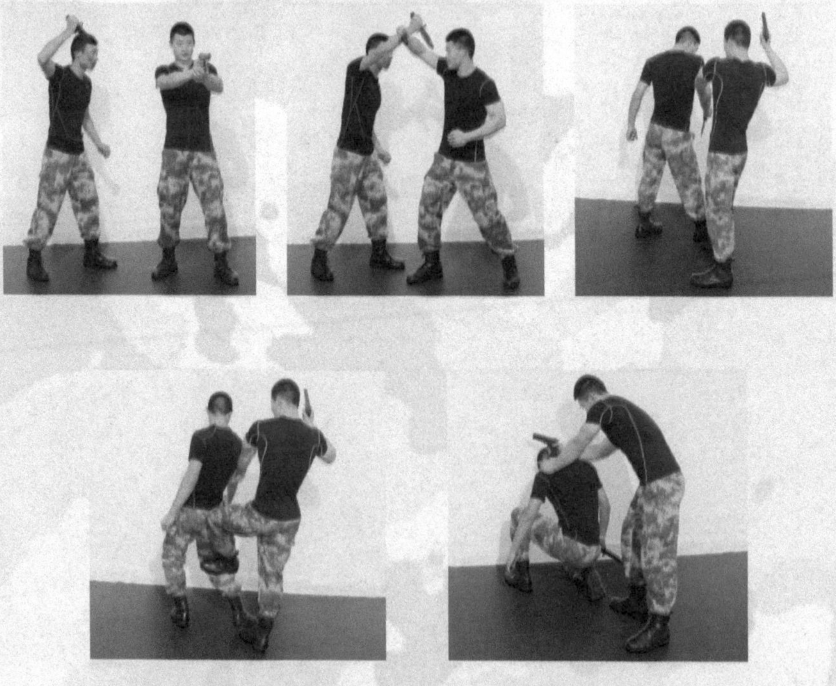

格架推按，戳颈砸手

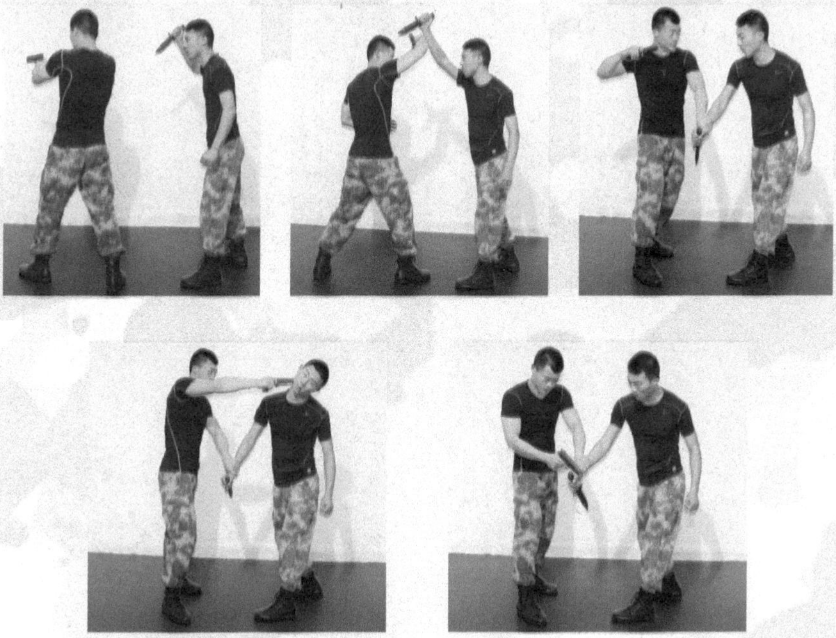

（五）抵御与抢夺爆炸物的防守反击方法

控手扳摔，踩头掰指

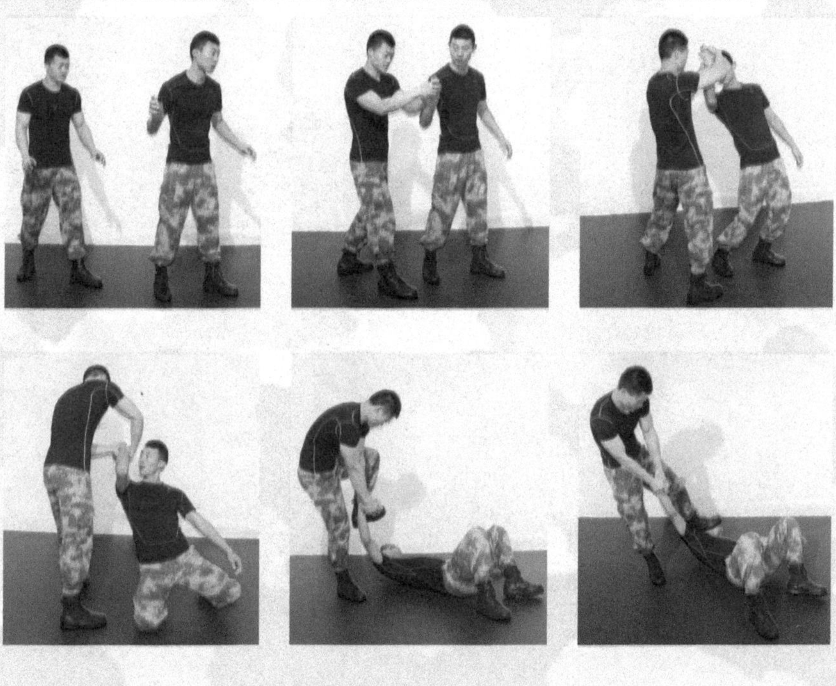

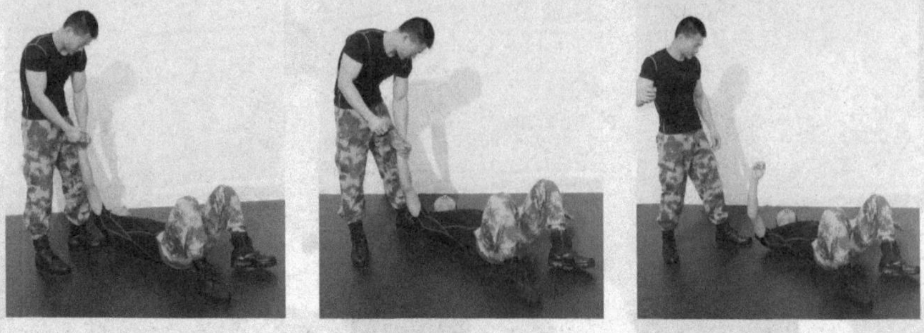

踢裆扳摔，踩头撅指

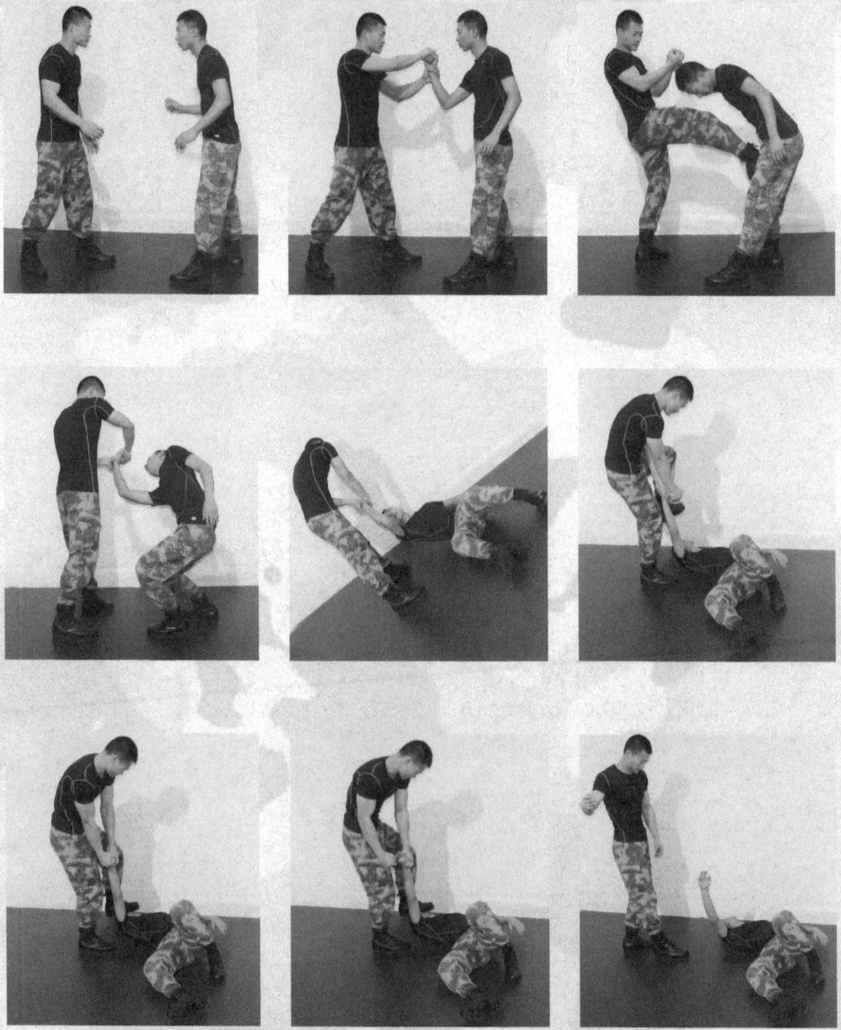

抓手擒腕，拖摔塞压

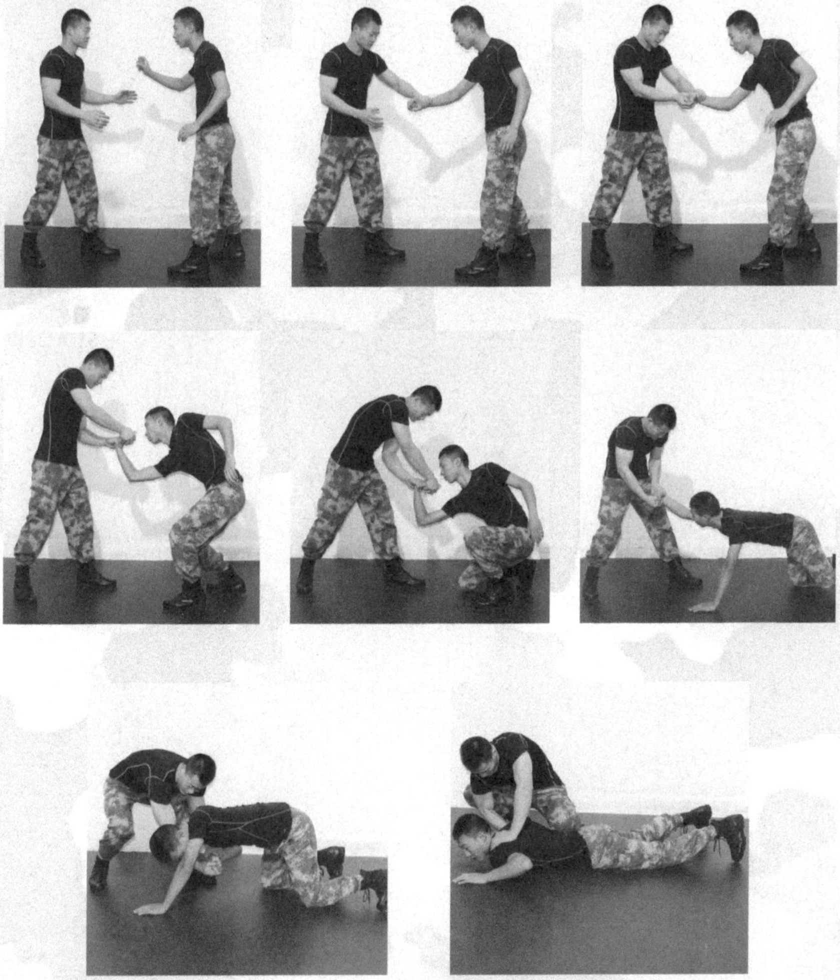